추천의 글

확실히 이디스 쉐퍼 여사는 남편이었던 고 프란시스 쉐퍼의 비밀 주머니였다. 지난 시대 가장 지성적인 지도자였던 남편도 풀지 못하던 고민을 재치 있게 해결해 준 적이 한 두 번이 아니었기 때문이다.
그러나 쉐퍼 여사는 남편에게만 아니라 수많은 사람들의 질문에 하나님의 대답을 찾아 준 지혜로운 여인이었다. 특히 산과 바다를 건너 라브리까지 찾아왔던 하나님의 자녀들과 방황하는 구도자들의 정직한 질문에 정직한 대답을 들려준 진정한 의미의 영적 엄마였다. 책장을 한 장씩 넘기는 동안 독자들은 마치 알프스 산에 올라 시원한 물을 한 잔 마시는 것처럼 쉐퍼 여사가 라브리에서 깨달은 지혜와 영성, 그리고 따뜻한 자녀 사랑의 마음을 한 모금 마실 수 있을 것이다.

▶▶▶ **성인경, 박경옥**_ 라브리공동체 공동 대표

이디스 쉐퍼는 내가 가장 좋아하는 사람 중 한 명으로, 큰 기쁨을 주는 분이다. 그녀의 글은 진솔한 자신의 모습이 반영되어 있어, 더 진근하고 유익하다. 거기다 맑은 영성으로 우리에게 큰 영감을 불어넣어 주는 이 책을 추천하게 되어 한없이 기쁘다.

▶▶▶ **루스 벨 그레이엄**_ 빌리 그레이엄 목사의 아내

내 남편은 이디스와 프란시스 쉐퍼 부부가 살았던 스위스 알프스 바로 옆 마을에서 태어났다. 결혼 후 수년 동안 나 역시 그 마을에서 살았었는데, 그 곳 작은 라브리 교회에서 예배드리는 것이 따뜻하고 즐거운 기억으로 남아 있다.

예배당의 들판을 아늑하게 안고 있던 산 뒤로는 장엄하게 눈 덮인 알프스가 보였다. 바깥 날씨가 어떠하든 간에, 교회 안은 늘 따뜻했다. 자세히 짚어 주는 프란시스 쉐퍼의 설교를 듣기 위해 여러 나라의 많은 사람들이 몰려들곤 했었다. 심오한 진리를 배울 수 있었고, 때로는 더 깊이 성경을 이해하도록 도전시켜 주기도 했다.

무엇보다 생생한 기억은 뒤쪽에서 손주들에 둘러싸여 앉아 있는 이디스 쉐퍼였다. 긴 의자에는 펜과 노트가 있었는데, 그녀는 공들여 설교 내용을 적곤 했다. 바로 어린 손주들을 위해서 말이다. 이러한 그녀의 삶에서 아이들을 향한 그녀의 큰 사랑을 느낄 수 있었다.

이 책에서 그녀는 어른뿐만 아니라 아이들도 진리를 알고, 하나님을 경험하기 바라는 간절한 소망을 담아낸다. 이디스 쉐퍼는 항상 하나님의 가르침을 진지하게 받아들이고자 했다. 아이들이 예수님을 알고 그 분을 따르도록 양육하기 위함이었다. "어린 아이들이 내게 오는 것을 용납하고 금하지 말라"(눅18:16)는 말씀대로, 그녀는 아이들을 예수님께 데려가고자 정말 최선을 다하며 살았다. 이 책이 부모된 이들에게 잔잔하지만 깊은 감동을 줄 것이라 생각하며 강력히 추천한다.

▶ ▶ ▶ **지지 그레이엄 차비진**_ 빌리 그레이엄 목사의 장녀

아프리카의 성자로 알려진 슈바이처 박사에게 성공적인 자녀교육을 위해 무엇을 해야 하냐고 물었더니 그의 대답은 이것이었다.

"첫째도 본보기요, 둘째도 본보기요, 셋째도 본보기다"

「하나님의 방법으로 훈육하라」에서 이디스 쉐퍼는 아이들을 양육하면서 순간순간 좌절하는 상황들과 하나님을 사랑하는 아이로 키우려는 과정에서 오는 여러 질문들에 대해 노련한 통찰력과 지혜로 우리를 안내한다. 정곡을 콕콕 찌르는 실질적인 조언들을 통해 우리가 자녀들에게 어떻게 본이 되어야 하며 하나님께서 창조하신 자녀를 얼마나 풍요롭게 양육할 수 있는지 구체적인 지혜와 통찰력을 얻을 수 있다.

두 아이를 양육하고 있는 나는 이 책을 통해 무엇보다 중요한 것은 훈련이나 규칙, 계획 등이 아니라 그 모든 것보다 사랑이며, 아이와의 관계라는 것을 배웠다. 아이를 향한 따뜻한 눈길 한 번, 아이의 작은 아픔에도 위로하며 격려하는 말 한 마디, 해야 할 일을 멈추고 필요를 채워 주는 수고로 성장하는 아이는 연어처럼 세상을 거슬러 올라갈 수 있는 힘이 있으리라 생각하면서, 오늘 하루도 우리 아이들을 충분히 사랑할 수 있는 넉넉한 사랑을 부어 달라고 무릎으로 주님께 나아가야겠다는 다짐을 한다.

"우리 아이는 왜 이렇게 나를 힘들게 할까?"라며 아이를 원망하고 한숨지어 본 경험이 있는 분들, 주의 교훈과 훈계로 아이를 양육하고 싶은데 삶의 구체적인 현장에서 어떻게 적용해야 할지 막막하여 안타까워하는 모든 부모들에게 이 책을 적극 추천하고 싶다.

▶ ▶ ▶ **최외숙**_ 구미 인동교회 사모, 우림이와 아인이의 엄마

아이들은 하나님으로부터 내려온 축복이다. 그러나 아이들을 기르는 것은 쉬운 일이 아니다. 이 책에서 우리는 우리보다 먼저 자녀를 길렀던 저자의 지혜를 맛볼 수 있다. 이디스 쉐퍼는 그녀가 자녀를 양육했던 경험들을 통해 아이들을 잘 양육하고 건강한 가정을 유지하기 위한 그녀의 독특하면서도 통찰력 있는 생각들을 들려준다. 젊은 부모들은 라브리 공동체에서의 이디스 쉐퍼의 삶으로 들어가 그녀의 테이블에 앉아, 그녀와 함께 음식을 나누며, 그녀의 어깨에 기대어 응답받는 기도의 놀라움에 대해 얘기하는 그녀의 음성을 듣게 될 것이다.

이디스 쉐퍼는 부드럽고도 인내심 있게 조목조목 예를 들어가며, 아이들의 창조성을 키워주고 가르칠 만한 순간들을 만드는 방법, 성경적으로 자녀를 양육하는 방법 등을 보여준다. 짧은 글에 함축된 이디스의 모든 조언들은 부모들이 하나님의 사랑과 친절함을 삶에 반영할 수 있도록 격려한다.

▶▶▶ **아마존 댓글 중에서**

하나님의 방법으로 훈육하라

하나님의 방법으로 훈육하라

지은이_ 이디스 쉐퍼 | 옮긴이_ 임경수
만든이_ 김혜정 | 마케팅_ 윤여근, 정은희 | 일러스트_ 이승애 | 디자인_ Gnalendesign
초판1쇄 펴낸날_ 2011년 12월 12일 | 초판3쇄 펴낸날_ 2021년 7월 8일

펴낸곳_ 도서출판 CUP | 등록번호_ 제2017-000056호(2001.06.21)
(04549) 서울특별시 중구 을지로148, 803호 (을지로3가, 중앙데코플라자)
T.(02)745-7231 | F.(02)6455-3114 | www.cupbooks.com | cupmanse@gmail.com
페이스북_ facebook.com/cupbooks | 인스타그램_ instagram.com/cupmanse

Copyright ⓒ 2000 by Edith Schaeffer
Originally published in English under the title *A Celebration of Children*
Published by Raven's Ridge book A division of Baker Book House Company,
Grand Rapids, Michigan, 49516, USA.
Originally published by Navpress in English
All rights reserved.
Korean translation copyright ⓒ 2011 by CUP, Seoul, Republic of Korea.

본 저작물의 한국어판 저작권은 알맹2를 통하여 Baker Book House와 독점 계약한 도서출판 CUP에 있습니다. 신저작권법에 의해 한국 내에서 보호 받는 저작물이므로 무단 전재와 무단 복제를 금합니다.

ISBN 978-89-88042-56-4 03230   Printed in Korea   값 9,000원

이디스 쉐퍼가 공개하는 라브리식 자녀 양육

하나님의 방법으로 훈육하라

CUP

A Celebration of Children

Edith Schaeffer

결혼 생활의 가장 큰 선, 즉 모든 고생과 수고를 가치 있게 해주는 것은 하나님이 주신 자녀들을 하나님을 예배하고 섬기는 사람으로 기르도록 명하시는 것이다. 온 세상을 통틀어 이것이야말로 가장 고귀하고 가장 소중한 일이다.

마틴 루터

차 례

1부 엄마 됨의 경이로움을 기대하라

01 Q 직장을 포기하고 싶지는 않아서 아이 낳는 시기를 늦추고 싶은데 친정 엄마는 절대 반대하네요. 어떡하면 좋을까요?
　　A 엄마 됨의 경이로움을 기대하라 _023

02 Q 정신 없이 바쁜데 아이들이 시간을 내주기를 요청한다면 어떻게 해야 할까요?
　　A 형편이 안 될 때도 시간을 내주라 _027

03 Q 아이들의 미래를 위해 열심히 돈을 벌어야 하니 아이들에게 내줄 시간이 부족하네요. 할 수 없는 일이겠죠?
　　A 가족과의 시간을 돈과 바꾸지 말라 _031

04 Q 매일 편한 옷만 입고 아이들과 씨름하는 내 모습이 처량하게 느껴져요　　A 때로는 매력적인 옷차림을 하라 _037

2부 하나님의 진리를 전수하라

05 Q 아이들을 키우면서 가장 중요하게 생각해야 할 것이 무엇일까요?　　A 하나님의 진리를 전수하라 _043

06 Q 아이들에게 하나님에 대해 말해 줄 수 있는 효과적인 방법이 없을까요?
　　A 하나님이 창조하신 것들을 찾아보라 _049

07 Q 어떻게 하면 우리 아이들과 지루하지 않게 성경도 보고 기도하는 생활을 할 수 있을까요?
　　A 하나님을 보여주고 들려주라 _053

08 Q 어떤 엄마가 정말 아이를 사랑하는 엄마일까요?
　　A 아이들을 위해 중보하라 _057

3부 관계를 소중히 여기게 하라

09 Q 자신을 사랑하고 다른 사람을 이해하는 아이가 되게 하려면 어떻게 하면 될까요?　　A 실수를 용납하게 하라 _063

10 Q 우리 아이가 너무 자기 중심적이예요. 다른 사람들을 사랑하는 법을 가르칠 수 있을까요?
　　A 경험으로 터득하게 하라 _067

11 Q 심각하게 부부 싸움 하는 모습을 아이들에게 보여준 것이 미안하네요. 어떻게 하면 좋을까요?
　　A 화해하는 모습을 보여주라 _071

12 Q 아이들과 좀 더 유익하고 끈끈한 시간을 가지고 싶은데, 도대체 뭘 해야 할지를 모르겠어요.
　　A 자녀들과 특별한 즐거움을 나누라 _077

4부 바른 생각은 바른 행동을 낳는다

13 Q 아이들이 어릴 때부터 꼭 가르쳐야 할 부분이 있다면 무엇일까요?　　A 상처 주는 말을 하지 않도록 하라 _083

14 Q 아이들에게 재정 관리에 대한 부분을 어떻게 교육해야 할까요?
　　　　　　　　　　A 즐겨 주는 자가 되게 하라 _089

15 Q 우리 아이들이 혼탁한 이 세상에서 비뚤어지지 않고 잘 크게 하려면 어떻게 해야 할까요?
　　　　　　　　　　A 바른 생각은 바른 행동을 낳는다 _091

16 Q 사역자의 자녀로서 우리 아이들을 어떻게 지도하면 될까요? 사람들에게 인정받는 아이로 키우고 싶은 건 욕심일까요?
　　　　　　　　　　A 가장 관심을 가지는 일을 하게 하라 _095

5부 사랑하기 힘든 순간에도 사랑하라

17 Q 첫째는 너무나 예쁜데, 둘째는 도무지 이해도 잘 안 되고 사랑하기도 힘들어요. 어떻게 하면 둘째를 사랑할 수 있을까요?
　　　　　　　　　　A 사랑하기 힘든 순간에도 사랑하라 _103

18 Q 아이들이 놀다 보면 집안이 한 시도 깨끗한 날이 없어요. 깨끗한 집을 유지할 방법이 없을까요?
　　　　　　　　　　A 지저분해지더라도 창의적인 활동을 격려하라 _109

19 Q 이제 막 청소를 끝냈는데, 흙 묻은 발로 흙이 뚝뚝 떨어지는 꽃이며 나무 잎사귀들을 들고 와서 너무나 화가 나서 야단을 쳤어요. 잘못한 걸까요?
　　　　　　　　　　A 잡동사니 뒤에 숨어 있는 마음을 보라 _115

20 Q 아이가 말을 안 듣고 짜증낼 때가 많아요. 도대체 어떻게 해야 할지를 모르겠어요.
　　　　　　　　　　A 아이들의 신체적 필요에 민감해지라 _121

21 Q 우리 아이가 다운증후군이예요. 이 아이에게 신경 쓰느라 다른 아이들에게 신경을 못 쓰게 되는 것이 제일 걱정이예요. 과연 아이들을 잘 키울 수 있을까요?

    A 장애아는 또 하나의 축복임을 기억하라 _127

6부 하나님의 방법으로 훈육하라

22 Q 아이들이 잘못을 했을 때 사랑으로 감싸는 것이 좋을까요? 따끔하게 야단치는 게 좋을까요?

    A 하나님의 방법으로 훈육하라 _135

23 Q 아이들을 자기주도적으로 키우고 싶어요. 아이들이 스스로 무언가를 할 수 있는 능력을 키워줄 방법이 없을까요?

    A 스스로 무언가를 만드는 경험을 하게 하라 _141

24 Q 우리 아이들이 책 읽는 기쁨을 알게 할 방법이 없을까요?

    A TV 시청 시간을 줄이도록 해보라 _145

25 Q 세상이라는 위험한 공간에서 우리 아이들을 안전하게 기를 수가 있을까 걱정이예요.

    A 우리 아이들의 어린시절을 보호하라 _149

26 Q 아이를 위해서 최선을 다해 애쓰고 있는데, 남편은 내가 너무 애를 몰아 부친다고 하네요. 도대체 어떻게 하는 게 옳은 건지 모르겠어요.   A 완벽주의 엄마가 되지 말라 _153

글을 시작하면서

아이를 낳고 엄마가 되고, 또 나이 들어 할머니, 증조모가 되어 지난날들을 돌아보니 문득문득 후회되는 순간들이 떠오른다. 아이들은 기다려 주지 않는다. 흘러가는 시냇물처럼 곁에 잡아둘 수 없다. 아이들이 부모와 함께 나눌 수 있는 시간은 생각보다 빨리 훌쩍 지나가 버린다. 아이들과 함께 했던 인생의 어느 순간, 어떤 사건도 지워버릴 수 없고, 후회스러운 순간들이 생긴다 해도 낡은 집을 뜯어 새롭게 단장하듯 재건축할 수 없다.

그렇기에 우리는 시간이라는 현실 속에서 최선을 다해 살아야 한다. 인생은 한번 지나고 나면 돌이킬 수 없는 생방송과 같은 것이다. 완성된 책처럼 우리가 이 땅에서 살아야 할 인생에도 완성해야 할 시간이 있고 많은 장들과 내용들이 있다. 그런데 지나온 과거는 바꿀 수 없지만 우리 인생의 현재와 미래는 우리의 선택에 따라 변화될 수 있다.

우리는 매일매일, 매순간마다 선택을 하며 산다. 부모, 조부모, 이모와 삼촌, 친구들, 교사 등 우리 아이들에게 의미 있는 존재로 남아 있는 가까운 이들의 선택이 아이들의 삶에 영향을 미치고, 나아가 인류의 역사에 영향을 준다. 즉 우리의 선택은 우리의 다음 세대에까지 영향을 미치기 때문에 우리는 매순간 어떤 선택을 할 것인지 깊게 생각하고 신중하게 고려해야 한다.

그렇다면 부모 된 우리는 어떤 선택을 해야 할까?

아이들과의 약속을 어기지 않는 것, 마룻바닥에 앉아 아이들과 신나게 놀아주는 것, 아이들을 무릎에 앉혀 놓고 책을 읽어 주는 것 등 아이들과 할 수 있는 일상적인 일들을 날마다 계속해 가는 것을 선택해야 한다. 신나는 음악을 틀어놓고 그 음악에 맞춰 춤을 추거나, 함께 연주하거나 아이가 연습할 때 지켜

봐 주며 응원하고 아이와 마음을 나누는 것, 물감, 종이, 가위, 풀을 펼쳐놓고 아이들과 함께 신나게 오리고 붙이고 그리며 작품을 만들어 보는 것 등 아이들과 함께 하는 일들을 당신의 스케줄이나 약속보다 더 중요하게 여겨야 한다.

물론 대부분의 경우에 그럴 만한 형편이 안 될 것이다. 그러나 만일 자녀들과 평생 친구가 되고 싶다면 삶에서 가장 가치 있고 귀중한 시간들은 형편이 되지 않을 때라는 것을 깨달아야 한다. 부모의 자리가 얼마나 분주하고 정신없는지 잘 안다. 그러나 한 번쯤 부모 됨에 대해 다시 생각해 보자.

어머니, 아버지, 엄마, 아빠라는 단어들은 아이들이 언제나 도움 받을 수 있다고 느끼며 위로받을 수 있는 단어가 되어야 한다. 부모상을 보여 주는 바로 그 단어들은 동시에 아이들이 도움을 받거나 위로받기 위해, 혹은 그저 이해받기 위해 달려갈 수 있는 존재라는 의미가 되어야 한다.

만약 육신의 아버지, 어머니, 혹은 할아버지, 할머니에게서 그런 위로와 도움과 이해를 경험하지 못한다면, 우리의 작은 이해력으로 "수고하고 무거운 짐진 자들아! 다 내게로 오라 내가 너희를 쉬게 하리라"고 말씀하시는 우리 하늘 아버지의 위로와 도움과 이해를 설명하기 어려울 것이다.

만약 당신이 고모나 삼촌이라도 이런 류의 사랑을 경험하게 할 수 있다. 만일 아이가 없다면 고아나 소년소녀 가장처럼 이 세상에 방치된 많은 아이들이 당신의 애정을 필요로 하고, 이야기를 들어주기를 바란다는 사실을 상기할 수도 있다.

물론 인간은 어느 누구도 완벽하게 도울 수 없고, 또 제한된 방법으로밖에는 도움을 줄 수 없다. 우리의 제한된 시간과 에너지에 비해 세상의 너무나 많은 곳에서 도움을 필요로 한다는 사실에 좌절을 느끼기에, 오직 하나님만이 무한하시고 제한받지 않으신다는 사실에 위로받을 수 있다. 밤이나 낮이나 아무 때에라도 하나님의 도우심과 지혜와 위로를 간구할 때, 오직 하나님만이 우리에게 응답하시고 도우실 수 있다. 우리는 하나님께 나아갈 수 있는 '열린 문'을 얻은 것이다.

하나님께서 이 '열린 문'을 위해 값 비싼 대가를 지불하심으로 당신의 자녀들이 소중함을 분명히 보여 주셨다. 그 대가란 우리가 우리 자녀에게 할 수 있는 그 이상의 것이다. 즉 하나님은 독생자를 이 땅에 보내셨고, 하늘의 영광과 아름다움을 버리사 이 땅에 오신 독생자 예수 그리스도는 우리를 위해 죽음의 고통을 당하셨다. 그 대가가 바로 밤이나 낮이나 아무 때나 우리가 하나님 아버지 앞에 달려갈 수 있도록 하나님께서 지불하신 값이다.

아버지라는 단어의 의미를 이해할 수 있는가? 아니면 불완전하지만 실제 샘플인 육신의 아버지를 통해 자녀들에게 가장 깊이 있는 것을 가르치는 것이 얼마나 중요한지 이해하겠는가?

자녀들에게 사랑과 관심, 그리고 위로와 도움을 실제로 보여주기 위해 우리는 무엇인가를, 즉 희생을 지불해야 한다. 그것은 우리가 하고 싶은 것을 먼저 하고, 편지의 추신처럼 그저 몇 마디 덧붙이듯 할 수 있는 것이 아니다. 희생은 우리가 찬양과 간구를 가지고 하나님께 가까이 나아갈 수 있도록 삼위의 하나님께서 지불하신 대가이다. 부모, 조부모, 삼촌이나 숙모, 이모로서 우리는 우리를 찾는 아이들에게 열린 길이어야 한다. 여기에는 반드시 희생이 필요하다.

독자들은 이 책을 읽으면서, 아마도 전에는 생각해 보지 못한 실제적인 방법들을 발견할 수 있을 것이다.

1부 **엄마 됨의 경이로움을 기대하라**

A Celebration of Children

Q. 직장을 포기하고 싶지는 않아서 아기 낳는 시기를 늦추고 싶은데 친정 엄마는 절대 반대하네요. 이 떡하면 좋을까요?

01

A. 엄마 됨의 경이로움을 기대하라

며칠 전 매우 명석한 전문직 여성을 만났다. 그녀는 결혼을 두 번 했고, 세계의 여러 분야에서 다양한 경험을 한 유능한 여성이었다.

아홉 살 된 손녀딸이 학교버스에서 뛰어 내려와 내게 입 맞

추고, 햇살이 밝게 비추는 야외 탁자에서 사과 주스 한잔을 받아 들고는 숨도 쉬지 않고

"할머니, 안녕히 계세요! 엄마가 걱정하실 것 같아서요."

라고 인사하는 것을 쳐다보는 그녀의 눈에 비친 간절한 열망은 후회와 안타까움을 담고 있는 듯했다. 그녀는 만약 젊은 날에 일을 위해 아이를 포기하거나 미루지 않았더라면 어땠을까 하는 후회를 간직하고 있었다.

짧든 길든 시간은 선택의 대가이다. 어떤 것을 선택한다는 것은 그 이후의 시간의 방향, 즉 삶의 내용을 결정하는 것이다. 시간은 다시 사용할 수 없다. 시간은 깨끗하게 해서 완전히 새로운 방법으로 다시 사용할 수 있는 것이 아니다.

시간은 우리가 원하든 원하지 않든 영구불변한 것이다. '지금'이라는 시간은 현재에서 과거로 거침없이 흘러간다. 일 분, 한 시간, 하루, 일주일, 9년… 그렇게 흘러가는 것, 이것이 바로 시간이다. 어린시절은 다시 돌아오지 않는다. 십대의 기간도 다시 살아볼 수 없고, 20대, 30대도 마찬가지다.

결혼한 여성들은 임신에 대한 경이로움을 기대하는 마음을 가지기를 바란다. 인간의 역사 안에서 태어난 모든 인류의 첫 번째 집이 여성의 몸이다. 여성만이 9개월 동안 인간의 가정이

될 수 있다는 것은 믿기 어려울 정도로 경이로운 일이다. 임신부터 출생 직전까지 아이는 유일하게 완벽한 집인 어머니의 몸에서 9개월을 보낸다.

아홉 살 난 아이가 엄마에게 가려고 하고, 엄마가 있는 집으로 달려가고 싶어 하는 열망은 9개월 간 어머니 몸 안에 머물렀던 그 잠재된 그리움에 기초하고 있다. 그러나 그 가능성, 즉 인류의 첫 번째 집이 될 수 있는 것은 여성에 따라 길든 짧든 일정한 시간 동안만 가능하다. 아이를 낳을 수 있는 기간이 한정되어 있기 때문이다.

간혹 질병이나 상처, 불임으로 인해 아기를 가지기가 힘든 경우도 있지만, 만약 그런 경우가 아니라면 태어날 아기에 대해 경이로움으로 기대하라. 여성이 전문직을 갖는 것은 멋진 일이다. 그렇지만 혹시라도 일이나 자기 성취를 위해 아이를 낳는 것을 포기하지는 말기 바란다. 베토벤이나 바흐, 레오나르도 다빈치, 리빙스톤, 에텔 워터스, 혹은 마더 테레사, 에미 카미켈이나 퀴리 부인을 배출한 어머니의 역할은 그 어떠한 직업과도 비교할 수 없다.

당신이 아직 만나보지 못한 아이의 가정이 되어 주는 일보다 더 환상적인 일이 있겠는가? 당신의 몸에서 태어난 그 아이는 유명한 축구선수가 될 수도 있고, 뛰어난 예술가가 되거나 대통령, 혹은 암을 치료할 수 있는 과학자가 될 수도 있다.

당신 몸을 가정으로 삼았던 그 아이가 9개월 동안 무엇인가 잘못되어 특별한 보살핌이 필요하게 될 수도 있다. 그러나 장애를 입은 아이를 특별하고 창의적으로 탁월하게 보살피다 장애아를 가진 다른 어머니, 교사, 그리고 치료자들에게 훌륭한 아이디어나 성공적인 방법들을 전하는 선구자적인 역할을 하게 될 수도 있다.

엄마가 되어 아이의 첫 번째 집이 되어 주는 이 9개월이 어떤 결과를 가져올지는 아무도 모른다. 직업 현장에서 9개월의 기간을 보내고 그 결과를 모르듯이 말이다.

Q. 정신 없이 바쁜데 아이들이 시간을 내주기를 요청한다면 어떻게 해야 할까요?

02

A. 형편이 안 될 때도 시간을 내주라

불을 끄고 막 잠자리에 들려고 하는데 전화벨이 울린다. 혹은 막 현관문을 나서는데 전화가 온다. 전화한 사람이 당신의 자녀이고, 시간을 뺏길 수도 있다.

그러나 자녀와의 대화는 친밀한 우정을 유지하는 데 특별한

것이다. 적어도 몇 분의 시간은 필수적이다. 그러나 그 시간을 무시한다면 단순히 지금 당장 중요한 것을 잃게 되는 것이 아니라 아주 소중한 것을 잃어버리게 될지도 모른다. 즉 당신이 진정으로 사랑하는 가족들에게 관심을 가지고 있다는 확신을 가족들이 잃어버릴 수 있는 것이다.

물론 당신이 응급실로 가서 수술을 해야 하는 외과의사라면
"가능하면 빨리 돌아올게."
라고 하는 말을 아이들은 이해할 것이다. 예외는 쉽게 받아들여진다. 중요한 것은 늘 반복되는 패턴이다. 만일 늘 다른 일들이 우선이었다면 아이들은 자신들이 항상 고려 대상에서 마지막 순서라고 느낄 것이다.

글을 쓰고 있는데 아이가 다가와 의자에 앉으며
"할 말이 있어요."
라고 말할 때 당신이 글쓰기를 멈추려고 하지 않는다면 더이상 어떤 분야이건 인생에 대해 글을 쓰는 것은 의미가 없다고 생각한다. 자녀들이 힘들 때 다가와 도움 받을 수 있는 존재가 되는 것이 진정한 어머니, 아버지로서의 삶의 본분이다.

잠자리에서 아이에게 책을 읽어 주고 이불을 덮어주며 "잘 자라" 인사하려는데 아이가 이야기를 꺼내기 시작할 지도 모른

다. 당신이 해야 할 일들을 떠올리며 마음이 분주하고 몸이 피곤한 그때 말이다.

그러나 아이는 자신에게 중요한 질문을 하려고 하거나, 뭔가 특별한 일을 털어놓으려고 막 입을 떼려고 한다. 이러한 순간은 아무 때나 오는 것이 아니다. 아이와 이야기하며 각별하게 보낼 30분 정도의 시간을 배려하지 않고 문을 닫고 나가 버림으로써, 아이와의 소통의 시간을 잘라 버리지 말라. 그 특별한 시간은 다시 되풀이 되지 않을 수도 있다.

당신이 지금 하고 있는 생각과 행동을 멈추고 스스로에게 질문하는 법을 배워라.

"무엇이 더 중요한가? 아이와의 관계인가, 정확한 시간에 아이를 재우는 것인가?"

그리고 스스로에게 대답하라.

"아이가 하는 얘기를 들어 주자. 설거지는 나중에 해도 돼."

집안일로 정신없이 바쁘거나 해야 할 일이 산더미 같을 때, 아이들이 부모를 필요로 하거나 투정을 부린다면 어떻게 해야 할까?

스케줄이 매우 바쁘면 가족들과 대화를 나눌 시간을 찾는 것은 분명 어려운 일이다. 그러나 나는 가족들과 가치 있는 대화

를 나눈 시간은 유일하게 내가 바쁘고 형편이 안 될 때였다고 말할 수 있다. 형편이 안 되는 순간에 멈추지 않으면 당신은 진정한 대화를 나눌 수 없을 것이다.

Q. 아이들의 미래를 위해 열심히 돈을 벌어야 하니 아이들에게 내줄 시간이 부족하네요. 할 수 없는 일이겠죠?

03

A. 가족과의 시간을 돈과 바꾸지 말라

몇 해 전 로잔에 살고 있는 한 가족을 알게 되었다. 아이들은 어머니와 함께 임시 아파트에 살며 학교에 다녔는데, 때로는 기숙사에서 생활하기도 했다. 무역업을 하는 아버지는 대부분의 시간을 세계를 돌아다니며 보냈다.

십대 소녀가 된 딸이 물었다.

"아빠, 아빠 왜 집에 전혀 안 계세요? 조금만 일하시고 우리랑 시간 좀 보내시면 안 되나요?"

"이게 다 너희들 위해서야. 돈을 많이 벌어야 너희들한테 재산을 충분히 나눠 줄 수 있잖아. 그래야 이 아빠 없이도 너희들이 편하게 살 수 있지 않겠니?"

과장된 말이 아니다. 그 가족은 수 년 동안 미래를 준비하며 임시 아파트에 살았다. 그러나 드디어 그 미래가 왔을 때 상속된 재산은 세금을 내고 나니 가족에게는 얼마 돌아가지 못했다. 아버지는 이미 돌아가신 뒤였다.

경제적인 부분을 충족하기 위하여 "차 한 대 더 구입할 때까지", 혹은 "집 살 때 빌렸던 대출금 갚을 때까지만", "애들이 대학 가서 공부할 수 있도록" 등의 이유로 아버지, 어머니가 모두 일하는 가정들이 많다.

이 시점에서 가족의 행복한 미래를 위해 정말 중요한 것이 무엇인지 한 번쯤 진지하게 생각해 보자. 또한 경제적인 문제에 대해 온 가족들이 진지하게 토론하며 함께 기도해 보자.

가정에서 가장 중요한 것은 가정생활을 위해 살아가야 할 공간과 적절하게 행복한 분위기일 것이다. 이런 측면에서 가정 경제에 있어 우리가 경계해야 할 것은 단지 더 큰 집으로 이사 가기 위해, 더 많은 돈을 벌기 위해 가족보다 돈을 선택하는 것은 아닌지 조심스럽게 살펴봐야 한다.

드라마로 많은 사랑을 받았던 〈초원의 집〉로라 잉걸스 와일더의 「초원의 집」*The Little House in the Big Woods*, 비룡소을 기억하는 사람들이 많을 것이다. 초창기 미국의 생활을 다룬 드라마인데, 아버지는 직접 통나무집을 짓고, 먹을 것을 사냥하고, 야생칠면조를 잡고, 농사짓기 위해 땅을 경작하고, 어머니는 옷을 만들고 빵을 굽고, 버터를 저으며 아이들을 기다리는 모습, 어쩌면 우리 아이들에게는 그런 환경이 더 큰 행복을 제공했던지도 모른다. 초창기 미국에서 남편과 아내는 거친 광야에서 숱한 투쟁과 슬픔의 세월을 보내야 했지만, 또한 로라 잉걸스 와일더가 말한 가정생활, 어쩌면 오늘날 많은 사람들이 부러워하는 그 가정생활의 추억을 가진 사람들과 함께 삶을 개척하였다.

이 시대에는 그런 식으로 살기는 어렵겠지만, 여건이 허락한다면 정원을 만들고, 토끼를 기르고, 함께 물고기를 잡아 보는 그런 일을 아이와 함께 해보라 빨래 개기나 쓰레기 분리 수거 같은 일을 함께 하는 것도 좋을 것이다. 아이는 아버지나 어머니가 일하시는 모습을 그저 바라보는 것으로 실제적으로 배우게 될 것이다. 또한 맛있는 빵이나 애플파이를 굽고 후식으로 아이스크림을 만들거나 다양한 요리를 만들어 가족들을 행복하게 하는 엄마를 대신할 수 있는 것은 없다.

그렇게 아이들은 냄새 맡고 바라보고 도와주고 맛보고 느끼면서 필요가 채워져 가는 실제적인 증거들을 보며 자라가야 한다. 그러나 얼마나 많은 사람들이 그러한 가정을 만드는 데 소홀하고 아이들과 시간을 보내는 데 실패하는 것을 합리화하는가! 물질적으로 더 많이 공급하고 충족시키기 위해, 또는 가족에게 '좋은 일'을 한다는 이유로 말이다. 특히 '좋은 일'을 한다는 명목 하에 가족이 뿔뿔이 흩어지기 때문에 가정이 파괴될 수도 있다는 것을 잊지 말아야 한다.

저녁 시간에 온 가족이 함께 모여 잠시 각자의 할 일들을 멈추고, 하루 동안 지냈던 일들을 이야기하고, 함께 손잡고 기도하는 시간을 가져보자.

"하나님, 우리 가족이 어떻게 균형을 잡아야 할지 가르쳐 주세요. 너무 늦기 전에 보여 주세요!"

나는 세월이 밤의 안개처럼 날아가 버린다고 자신 있게 말할 수 있다. 시간은 연기보다 더 빨리 사라진다. 뒤돌아가는 것은 불가능하다. 만일 가정생활이 남아 있다면, '지금'이 중요하다.

젊은 시인 스티브 터너의 「오늘밤 거짓 사랑을 하리라」*Tonight We will fake love*라는 책에서 '나이 들어가는 것'이란 제목의 시를 인용하고 싶다.

>인생의 어느 순간
>
>미래가 결핍 되었네

시간에 관한 이 진리를 가정생활에 적용해 보라. 경제적인 부족은 '미래의 부족'과 결코 비교될 수 없다.

만일 경제적인 문제가 가정을 모아주지 않고 흩어지게 한다면, 그것에 대해 깊이 생각하고 기도하는 시간을 가져보라. 부모보다 다른 사람들이 아이들을 돌봐야 하는 경우가 많아지고, 부부 간에도 점점 의사소통이 안 되게 된다면, 이런 경우 경제적인 문제가 부부나 자녀들과의 관계에서 모든 인간미를 빼앗는 사람을 잡아먹는 괴물이 될 수도 있다.

만일 부모가 자녀들을 위해 이뤄낸 유일한 일이 경제적인 것뿐이라면 조금 부유해진다 한들 그 가슴은 냉랭해질지도 모른다. 이 시대를 살아가면서 경제적인 문제를 무시할 수는 없겠지만, 경제적 부유함이 '유일한' 목표가 되게 하지는 말자. 그런 측면에서 한 번쯤 가정의 의미를 진지하게 생각하는 시간을 가져보자. 우리 아이들이 진정으로 행복한 미래를 맞이하기 위해 부모 된 우리가 해야 할 일이 무엇인지 생각해 보자.

Q. 매일 편한 옷만 입고 아이들과 씨름하는 내 모습이 처량하게 느껴져요

04

A. 때로는 매력적인 옷차림을 하라

옷을 단지 보온만을 위한 것이라고 생각하지 말라. 아름다움을 추구하는 것은 하나님의 모습이기도 하다.

더운 날 무겁고 끈적거리는 옷을 벗고 편안하게 되는 그런 차원을 뛰어넘어 내가 어떤 옷을 입느냐가 알게 모르게 인간관

계에 영향을 미치기도 한다.

새로운 직장에 면접을 보러 가거나, 직장 상사를 만나러 갈 때, 여자 친구의 부모님을 만나러 가거나 좋은 인상을 남기고 싶은 모임에 갈 준비를 하는 사람들은 다른 사람들에게 괜찮은 사람으로 보이기를 원할 것이다. 보편적으로 사람들이 첫인상에서 내가 어떤 사람인지를 평가하며, 그것은 나의 외관과 무관하지 않기 때문이다. 물론 첫인상으로 느꼈던 부분과 그 생각이 변하기도 한다. 그러나 얼마나 오랫동안 서로 알아 왔는지와 상관없이 우리가 무엇을 입고 어떻게 보이느냐 하는 것이 우리를 대하는 다른 사람들의 태도에 영향을 주기도 한다.

만일 당신이 며칠 동안 똑같은 옷을 입고 사람들 앞에 나타난다면, 그리고 그 옷이 약간 때에 찌들어 있다면, 보는 사람들마저 피곤하게 만들지도 모른다. 다른 사람에게 보이기 위해 옷을 입어야 하는 건 아니겠지만, 때로는 완전히 다른 모습으로 치장하는 것도 필요하다. 외출을 할 때는 그나마 조금 꾸미고 나가지만, 집안에서는 가장 후줄근한 옷을 입는 경우가 많은데, 가끔은 그냥 평범해 보이는 집에서의 식사 시간에라도 근사하게 차려 입어 보자.

매력적으로 입는 것이 남편을 위해서만 중요하다고 생각하지 말라. 아이들도 매력적인 옷을 입은 어머니에게는 은연중에 대하는 태도가 달라진다. 또한 아이들에게 멋지게 차려 입히면 그 어머니도 아이들에게 좀 더 조심스러워지게 된다.

그건 이런 심리일 수도 있다. 당신이 거울을 보며 예쁘게 꾸미고 나면, 좀 더 자기 자신에 대한 자신감이 생기고, 그 자신감이 상대방에게도 존경심을 유발시키는 것이다. 가지고 있는 옷을 예쁘게 코디해 보고 머리 손질에도 조금 공을 들여 보자.

나는 여행을 할 때나 공공장소에서, 때때로 유심히 아이들을 관찰한다. 이상하게도 정장에 가까운 정돈된 옷을 입은 아이들보다 놀이옷으로 적당한 편안한 옷을 입은 아이들이 더 부산하다는 느낌을 받곤 한다. 이처럼 의상이 은연중에 인간 행동에 영향을 미친다.

그러므로 때에 맞게 옷을 입고, 가족들 간에도 때때로는 멋진 옷을 챙겨 입음으로써 서로 존중하는 시간을 가지는 것도 즐거운 일이 될 것이다.

2부 하나님의 진리를 전수하라

A Celebration of Children

Q. 아이들을 키우면서 가장 중요하게 생각해야 할 것이 무엇일까요?

05

A. 하나님의 진리를 전수하라

진리란 한 세대에서 다음 세대로 이어지는 것이다. 하나님을 알고 또 하나님에 대해 많이 아는 이들이 항상 신실하게 계명을 늘 가까이 했다면 세대간의 차이는 없었을 것이다. 모든 세대가 전 세대로부터 배우기 때문이다. 아버지와 어머니는 아들과 딸들에게 전해야 할 의무가 있었고 그 관계가 깨지지 않는 한 진리는 끊임없이 전수되었어야 했다. 그러나 인류 역사상, 그리고 지역 간에 간격이 있는 것을 보면 진리가 전수되지 않았음이 분명하다.

진리를 바르게 전수하지 않아서 고통받았던 첫 번째 가정은 가인의 가정이었다. 그는 하나님의 창조 세계에 잠재되어 있는 파괴적인 부분을 가져와서는 그것을 하나님께 예배하는 바른 방식이라 불렀다. 가인이 그 자손들에게 물려 준 것은 거짓이었다. 그리고 수많은 세대가 그를 따랐다.

우리는 홀로 살아가지 않는다. 다른 이들에게 영향을 주게 되어 있다. 가인이 그랬고, 목이 곧고 완고한 이스라엘 백성들이 가나안에서 우상들을 섬길 때 그러했다. 예수님께 침 뱉고 욕하며 소리 지르던 사람들이나, 그리스도인들을 사자에게 던져넣던 이들도 그러했다. 그들의 자녀들이 지켜보며 배웠다. 어리석은 아버지와 어머니들, 참된 진리를 전하지 않고 그 반대의 것을 물려 준 잔인한 가족들은 하나님으로부터 자녀들을 멀어지게 했다.

그래서 예수님은 거짓 선지자들에 대해 경고하셨다. 심지어 주의 이름으로 기적을 행하는 이들이라 하더라도 그들이 진실

되지 않고 거짓되다고 하셨다^{마 7:22; 24:11}. 이들은 마치 여호와의 이름으로 금송아지를 세우고 자녀들을 데려와 거짓된 예배에 난잡하게 춤추게 하는 것과 같은 일을 행하는 것이다.

하나님께서 이스라엘의 자녀들에게 하시는 말씀을 들으라.

> 오직 너는 스스로 삼가며 네 마음을 힘써 지키라 그리하여 네가 눈으로 본 그 일을 잊어버리지 말라 네가 생존하는 날 동안에 그 일들이 네 마음에서 떠나지 않도록 조심하라 너는 그 일들을 네 아들들과 네 손자들에게 알게 하라 네가 호렙산에서 네 하나님 여호와 앞에 섰던 날에 여호와께서 내게 이르시기를 나에게 백성을 모으라 내가 그들에게 내 말을 들려주어 그들이 세상에 사는 날 동안 나를 경외함을 배우게 하며 그 자녀에게 가르치게 하리라 하시매^{신 4:9~10}.

얼마나 분명한 말씀인가! 하나님의 현존하심과 성품에 관한 진리를 아이들에게 전해야 한다. 하나님의 진리는 세대를 이어 계속 전수되어야 한다. 하나님이 누구시며, 무슨 일을 하셨고, 무슨 말씀을 하고 계시는지, 그리고 하나님이 나 자신에게 어떤 의미인지 가르쳐야 할 책임이 우리에게 있다. 하나님은 신명기

6장에서 자녀들이 온 마음과 뜻과 힘을 다하여 주 하나님을 사랑해야 함을 '부모'가 가르치라고 말씀하신다.

7장 9절에서는 하나님은 신실하셔서 하나님을 사랑하고 그의 계명을 지키는 자들에게는 천대에 이르기까지 그의 언약을 이행하신다고 말씀하신다. 그런데 그 수천 세대는 하나님의 놀라우신 창조와 그의 행하신 위대한 일들의 역사를 아버지와 어머니를 통해 들어야 한다. 즉 진리가 끊임없이 전수되어야 하는 것이다. 아이들이 묻는 질문에 대답하는 부모를 통해 아이들은 이전에 행하신 하나님의 역사를 알게 된다. 진리는 전수되는 것이며 그렇게 세기를 통하여 전수되어 왔다.

마찬가지로 기도 또한 다음 세대, 그 다음 세대를 위하여 신실하게 드려져야 한다. 중보기도 또한 바통을 현 주자가 다음 주자에게 넘겨주는 릴레이 달리기처럼 계속 이어지고 전수되어야 한다. 즉 우리 아이들을 위하여 중보하는 신실한 조부모, 부모, 삼촌과 이모, 고모가 있어야 하는 것이다.

진리를 다음 세대에 전수하고 그들을 위해 중보하는 릴레이에서 하나님만이 누가 바통을 떨어뜨렸는지 정확하게 아실 것이다. 그러나 이러한 중요한 릴레이 경기에서 바통을 떨어뜨리는 것은 역사를 다르게 만든다. 그러므로 진리와 중보의 릴레이는 현재와 미래의 역사를 위해 당신과 나의 삶에 필수불가결한 것임을 기억해야 한다.

《 내가 내 자녀들이 진리 안에서 행한다 함을 듣는 것보다 더 기쁜 일이 없도다 》   요한1서 1:4

《 또 네가 많은 증인 앞에서 내게 들은 바를 충성된 사람들에게 부탁하라 그들이 또 다른 사람들을 가르칠 수 있으리라 》

디모데후서 2:2

Q. 아이들에게 하나님에 대해 말해 줄 수 있는 효과적인 방법이 없을까요?

06

A. 하나님이 창조하신 것들을 찾아보라

아이들과 함께 걸으며 하나님께서 창조하신 자연을 돌아보고 이야기를 나누는 것은 참으로 중요하다. 아름다운 세상을 창조하신 창조주 하나님이 얼마나 놀라운 분이신지, 그분의 창조물들을 보며 하나님의 창조의 경이로움을 가르쳐 주어야 한다.

"와~! 저기 좀 봐! 목련꽃이 피었네. 크림색 목련꽃이 정말 보드라워 보이지? 하나님이 저렇게 자라게 하신단다. 예전엔 아주 작은 나무였는데 이렇게 큰 나무로 자랐네! 하나님이 자라게 하시고, 열매 맺게 하신거야. 하나님 정말 굉장하지?"

"저 새 소리 들리니? 잘 들어봐! 저 새가 저렇게 노래할 수 있게 만드신 분도 하나님이야. 작곡가가 오케스트라나 바이올린 곡을 작곡할 때 머릿속에 음악소리를 떠올리듯이, 하나님이 새 소리를 떠올리시고 새에게 그 음악을 심어 주신 거란다. 하나님 정말 대단하시지?"

"첫 번째 별 찾았는데, … 너도 보이니? 하늘에 별이 셀 수 없이 많다는 거 알지? 그런데 사람들은 몰라도 하나님은 그 별들을 다 세실 수 있단다. 왜냐구? 하나님이 만드셨거든. 그리고 하나님은 복잡한 우주도 완벽하고 질서 있게 운행되도록 만드셨단다."

"우리, 누가 만들었나 알아맞히는 게임할까? 패티 옷이 여기 있네. 누가 만들었을까?"

"엄마가 만들었어요."

"그래, 엄마가 정말 잘 만드셨구나! 엄마가 많은 옷감 중에서 이걸 골라서 패티에게 입히면 어떻게 보일지 상상하며 모양도

고르셨겠지? 정말 잘 골랐다. 그치?"

"게임 계속할까? 이번엔 방안에 있는 물건을 골라 누가 만들었나 알아맞히는 게임을 해보자. 그리고 하나님만이 만드실 수 있는 건 어떤 게 있는지도 말해 볼까? 나무, 하늘, 구름, 햇빛… 하나님은 정말 멋지고 위대하신 분이란다."

신명기 말씀을 살펴보자.

> 이스라엘아 들으라 우리 하나님 여호와는 오직 하나인 여호와시니 너는 마음을 다하고 성품을 다하고 힘을 다하여 네 하나님 여호와를 사랑하라 오늘날 내가 네게 명하는 이 말씀을 너는 마음에 새기고 네 자녀에게 부지런히 가르치며 집에 앉았을 때에든지 길에 행할 때에든지 누웠을 때에든지 일어날 때에든지 이 말씀을 강론할 것이며 신 6:4~7.

《 그러나 너는 배우고 확신한 일에 거하라 너는 네가 누구에게서 배운 것을 알며 또 어려서부터 성경을 알았나니 성경은 능히 너로 하여금 그리스도 예수 안에 있는 믿음으로 말미암아 구원에 이르는 지혜가 있게 하느니라 》
디모데후서 3:14~15

《 인생에서 가장 좋고 아름다운 것들은 보이지 않고 만져지지도 않는다. 가슴으로만 느낄 수 있다 》
헬렌 켈러

Q. 어떻게 하면 우리 아이들과 지루하지 않게 성경도 보고 기도하는 생활을 할 수 있을까요?

07

A. 하나님을 보여주고 들려주라

온 가족이 둘러앉아 예배드릴 때, 성경은 아이들의 수준에 맞게 적당히 짧게 읽어야 하고, 기도는 매우 실제적이어야 한다. 기도가 기도되기 위해서는 피상적이지 않고 가족들이나 아이들이 기도하고 싶은 이들, 혹은 기도가 필요한 사람들의 필요를 구하는 실제적인 기도여야 한다.

밤에 잠자리에 들기 전에 아이들이 기도할 때 강요해서는 안 된다. 아이들이 원하지 않으면 당신이 기도하되 아이들이 참여하게 하면 되는 것이다.

"그래, 오늘 밤엔 기도하기 싫구나? 괜찮아. 엄마가 방에서 나간 뒤에 너 혼자 하나님께 기도하고 싶으면 그렇게 해. 하나님은 나가시지 않고 여기 너와 항상 함께 계시니까. 그리고 네가 하는 기도에 귀 기울이시고 들으신단다. 그럼, 오늘은 엄마가 기도할게."

아이의 사촌이나 친구, 혹은 아이가 아는 이들을 위해 기도할 때 일률적으로 패턴을 만들어 아이들이 따라하게 하지 말고 실제적으로 기도하라. 내가 아이의 침대 옆에서 무릎 꿇고 매우 실제적인 필요를 위해 기도할 때 아이들은 대부분 마음을 다하고 더 진지해진다.

또한 아이들이 하나님의 말씀을 잘 이해할 수 있는 나이가 아니더라도 일찍부터 아이들과 함께 찬송을 부르는 것이 좋다. "예수 사랑하심은 거룩하신 말일세" 같은 말들이 차츰 친근하게 들리고, 엄마 아빠의 사랑과 연결되어 그 찬양이 사실이라는 것을 알게 될 것이다.

찬송가나 복음성가를 부르며 율동하는 것이 즐겁고 행복한 시간이 되게 해야 한다. 피아노나 바이올린 혹은 기타를 연주할 줄 안다면, 반주에 맞춰 아이에게는 트라이앵글을 치게 하며 함께 찬양해도 좋다. "다니엘아! 용감하라. 굳세게 홀로 서라." 열광적으로 노래하며 좋아할 것이다. 그리고 시간이 지나면 그 찬양이 삶이 되어 정말 다니엘처럼 홀로 굳건하게 서는 것을 배우게 될 것이다.

집에 흔들의자가 있는가? 아이가 졸려서 하품을 하거나, 열이 있거나, 혹은 슬퍼서 눈물이 그렁그렁하거나, 무섭다고 한다면, 혹은 특별한 돌봄이 필요한 아이라면 아빠나 엄마가 아이와 함께 이불을 덮고 흔들의자에 앉아 노래를 불러 줄 수 있다. 혹은 소파에 앉아 아이를 가만히 안고 등을 토닥토닥 두드려 주며 조용하게 노래해 줄 수도 있다.

> 오 신실하신 주!
> 오 신실하신 주!
> 날마다 자비를 베푸시며
> 일용할 모든 것 내려 주시니
> 오 신실하신 주, 나의 구주~!

자녀들에게 놀라우신 하나님의 약속의 말씀을 찬양하는 것을 듣게 하고, 하나님을 향한 당신의 신실함과 사랑을 보게 하는 것은 자녀들에게 가장 중요한 것을 물려주는 것이다. 그것이 바로 진리의 깃발을 다음 세대에 전달하는 것이다.

Q. 어떤 엄마가 정말 아이를 사랑하는 엄마일까요?

08

A. 아이들을 위해 중보하라

예수님은 우리가 아이들을 맞이할 때 얼마나 온화해야 하는지 보여주셨다. 아이들을 대할 때 중요하지 않은 사람이나 의미 없는 사람에게 하듯이 가볍게 대해서는 안 된다. 마태복음 19장 13~14절은 아주 어린 나이라도 인간의 가치를 가졌기에 소중한 다음 세대를 위해서, 또한 다음 세대와 함께 기도하는 것이 얼마나 중요한지 말씀하고 있다.

> 때에 사람들이 예수의 안수하고 기도하심을 바라고 어린아이들을 데리고 오매 제자들이 꾸짖거늘 예수께서 가라사대 어린아이들을 용납하고 내게 오는 것을 금하지 말라 천국이 이런 자의 것이니라 하시고 마 19:13~14.

성경은 성숙한 그리스도인의 모습 중 하나로 타인을 향해 열린 마음을 가지라고, 즉 호의를 가지라고 말씀하신다. 호의란 새로운 집단에 들어오는 이를 따뜻하게 환영하는 것이다.

기도 또한 호의의 다른 형태라고 볼 수 있다. 인간은 유한하기에 세상의 모든 사람들과 모든 일에 친절을 베풀 수 없다. 하지만 기도를 통해서는 가능하다. 기도는 시간과 에너지를 필요로 하며, 우리의 선택을 필요로 한다. 노트에 중보하고 싶은 이들의 이름을 적다보면 얼마나 많은 선택이 필요했는지 금방 알게 된다. 그래서 제한받지 않으시고 기도하는 이들을 선택할 필요가 없으신, 무한적 중보자 되신 주 예수 그리스도를 더 깊이 예배하게 된다.

예수님이 어린아이들을 무릎에 앉히시고 기도하시던 그날 모든 아이들을 무릎에 앉히시지는 않았다. 주님은 진정 하나님이면서 또한 인간이셨기 때문이다. 주님은 우리들에게 다가오는 이들, 즉 마음에 떠오르거나 집을 방문하는 이들을 위해 기도하는 호의를 베풀어야 함을 본보기로 보여 주신 것이다.

핵심은 이것이다. 다음 세대를 위해 기도하는 것이 정말 중요하고 절대적으로 필요한 일이라는 것이다. 만약 다음 세대를 위해 중보해야 할 이들이 정말 신실했다면, 그래서 여러 세대를 통해 자라나는 아이들을 위해 중보하는 호의를 진정으로 베풀었더라면 인류 역사상 대단히 엄청난 변화가 있었을 것이라고 나는 생각한다.

3부 관계를 소중히 여기게 하라

Q. 자신을 사랑하고 다른 사람을 이해하는 아이가 되게 하려면 어떻게 하면 될까요?

09

A. 실수를 용납하게 하라

인간관계는 의식하든 하지 않든 태어나면서 죽을 때까지 계속된다. 살면서 우리는 좋은 관계를 맺기도 하고 나쁜 관계를 갖기도 한다. 혹은 건설적인 관계나 파괴적인 관계를 삶의 곳곳에서 만나기도 한다. 다른 사람과 관계를 맺는 것은 세상을 살아가는 이상 피할 수 없는 삶의 일부이다.

인격적으로 대접하든 기계적으로 다루든 사람들은 각자의 방법으로 사람들을 대한다. 사람들을 중요하고 존엄성을 가진 인격으로, 의미 있는 대상으로 대하기도 하고, 혹은 자신에게 중요한지 어떤지 재면서 대접하기도 한다. 그렇게 모든 사람들이 각기 다른 방식으로 다른 이들에게 반응하는 것이다.

그런데 이런 인간관계를 은연중에 배우게 되는 곳이 가정이다. 가정에서 아이들은 인간이 의미 있고 중요하며 가치 있는 존재이며, 삶의 목적이 있는 존재라는 것을 배울 수 있어야 하고, 가족을 통해 우리가 하나님의 형상으로 창조된 매우 특별한 사람이라는 것을 배워야 한다.

물론 부모가 마음 먹고 작정하고 가르친다는 개념은 아니다. 교육이란 매일, 매 순간 부모의 삶의 모습을 통해 이루어진다. 특히 가정에서 부모는 아이들의 절대적인 모델이 된다. 사람들을 냉정하고 곤혹스럽게 대하든지 혹은 성경적으로 바른 방법으로 대하든지 아이들은 부모를 통해 배우는 것이다.

아이들은 자신의 가족이나 교회 선생님이나 친구들, 이웃 속에서, 더 나아가서는 싫어하는 친구들 속에서 인간관계를 배운다. 하나님은 성경을 통해 삶의 모델들을 보여주시고, 기본적인 가르침을 제시해 주셨다. 그 성경 말씀에서 적용할 수 있는 부분들을 아이들에게 구체적으로 제시해 주고, 그 말씀과 상반되는 행동을 하지는 않는지 체크하고 아이들과 함께 이야기하는 시간을 가져보자.

부모는 완벽한 존재인가? 물론 아니다! 형제, 자매들도 완전할 수 없다. 아이들은 아주 어려서부터 인간은 모두 죄인이며 잘못을 저지르기도 한다는 것을 알아야 한다. 그리고 삶 속에서 느꼈던 인간관계의 어려움을 함께 이야기 나누는 것이 좋다.

어른들도 성경 말씀대로, 해야 할 기본적인 일들을 항상 잘해 내지는 못한다는 것, 아이들도 실수할 때가 있고 부모들도 때때로 죄에 빠지고 실수한다는 것을 앎으로서, 실수하는 일이 있더라도 그 실수에 대해 죄책감에 빠져 있지 않고 더 건강한 모습으로 회복하고 성장할 수 있게 된다.

아이를 양육하는 과정에서 만약 아이에게 잘못하거나 실수하는 일이 있다면 기꺼이 아이들에게 사과하자. 아이가 어릴지라도 용서를 구해 보자. 그런 일을 통해 아이는 사과한다는 것이 무엇이고, 용서가 무엇인지를 습득하며, 서로를 용납하고 이해하는 법을 배울 수 있다.

부모도 실수할 수 있는 사람이란 걸 자연스럽게 받아들이게 하라. 실수를 합리화하는 것은 어린아이들에게 거짓을 가르치는 것이다.

다른 사람들을 이해하고, 함께 어울려 살아가는 것은 평생 동안 배워야 하는 과정일지 모른다. 이 과정을 통해 아이들은 자신을 용납하고 사랑할 수 있게 되며, 더 나아가 가족 뿐 아니라 다른 사람들을 용납하고 감동시키는 관계로까지 자연스럽게 성장하게 될 것이다.

Q. 우리 아이가 너무 자기 중심적이예요. 다른 사람들을 사랑하는 법을 가르칠 수 있을까요?

10

A. 경험으로 터득하게 하라

가정은 성실, 신뢰, 믿음, 동정심, 타인에 대한 민감성, 사려 깊음, 그리고 이타심이 뿌리내려야 하는 곳이다. 부모들은 기지를 발휘해서 의도적으로 계획하며 지혜롭게 이러한 것들을 가르쳐야 한다.

가정에서 우리는 각 개인이 말하고 싶어 하는 개인적인 문제들만큼이나 관계가 깊어지는 것을 중요하게 생각해야 한다. 때로 서로 의견 조율이 안 되고, 서로 비난할 상황이 오기도 하겠지만, 그럴 때 바람직한 의사소통을 통해 문제를 풀어가는 방법을 아이들이 경험으로 터득하도록 하자.

다른 사람이 무엇을 필요로 하는지 이해하고 돕고 싶은 마음을 갖는 것은 그 사람에 대해 계속적으로 관심을 가질 때 가능하다. 차 한 잔, 쿠키나 토스트, 혹은 커피, 치즈, 크래커, 또는 우유 한 잔과 과일을 건네받으며 위로받았던 사람은 다른 사람이 일에 지쳐 힘들 때 그것들을 가져와 위로할 줄 안다. 그 작은 것을 건네며 이야기를 들어주고 위로하고 조언도 하며 격려하는 것이다.

그런 의미에서 특히 가정은 그와 같은 관심이 자주 주어져야 하는 곳이다. 가정에서 따뜻한 관심과 보살핌을 받은 사람은 다른 사람을 배려하고 다른 사람의 필요에 대해 생각하는 것이 자연스러워진다. 가정은 사랑을 어떻게 나누어야 하는지 배우는 곳이기 때문이다.

사랑은 인간관계에 대해 성경이 가르치고 있는 기본적인 명령 중의 하나다. 남편은 아내를 사랑해야 한다. 주님의 가족이 된 그리스도인은 서로 사랑해야 하며, 믿지 않는 이들도 사랑해야 한다. 사랑은 가정에서 가르쳐야 할 인간관계의 가장 근본적인 구성요소다. 가정은 어떻게 사랑하고, 어떻게 사랑을 표현하고, 구체적으로 사랑이 무엇인지 알기 위한 설립 센터와 같은 곳이다.

우리는 사랑을 말로 표현해야 한다.

"엄마, 사랑해요!"

"아빠, 사랑해요!"

"사랑한다, 아들아!"

이렇게 말하는 것이 당황스러운 일이 되어서는 안 된다. 아이들이 자라가면서 사랑을 자유롭게 표현하는 분위기를 만들자. 붉게 물든 석양을 보며 "와~ 노을이 너무 멋지다!"라고 감탄하며 말하듯이, 사랑을 표현하는 것이 그렇게 평범한 일상에서 말하는 것처럼 자연스러운 일이 되게 해야 한다.

사랑은 가정생활이나 결혼생활, 혹은 부모 자식 간에 친밀감에 대한 확신이나 모든 일이 잘 풀리는 이상적인 상황에서만 느낄 수 있는 행복이 아니다. 화가 치밀고 나쁜 생각이 들기 쉬운 상황에서도 베풀 수 있는 희생을 필요로 한다. 그런 순간에 오히려 아이들은 진짜 사랑을 배운다. 힘들 때에 특히 사랑하는 모습을 보여주라. 가장 중요한 걸 먼저 하는 모습을 보면서, 아이들의 마음에 사랑이 깊이 자리 잡을 수 있을 것이다. 이런 사랑의 본보기를 어린 시절부터 경험한 아이들이라면 인격과 인간관계가 아름답게 성장하지 않겠는가?

부모 된 우리도 완전한 사랑을 모른다. 그러나 하나님이 사랑하시는 우리의 가정에서 하나님이 가장 기뻐하시는 사랑을 그려 나갈 수는 있다. 아이들과 함께 행복한 가정을 만들기 위한 지혜를 모아 한 가지씩 실천하는 재미를 누려보자.

Q. 심각하게 부부 싸움 하는 모습을 아이들에게 보여준 것이 미안하네요. 어떻게 하면 좋을까요?

11

A. 화해하는 모습을 보여주라

'좋은 관계'란 무엇일까? 보편적으로 좋은 관계란 의무 이행이나 만족감, 행복, 즐거움, 이해받는 느낌, 안도감 등을 제공해주는 어떤 것으로 표현된다. 그리고 이러한 긍정적인 반응들이 인간관계에서 '지금' 당장 일어나기를 기대한다. 그리고 우리는 너무나 자주 우리의 순간적인 욕구나 배고픔을 해소하기 위한 즉각적인 유혹에 넘어간다.

에서의 선택을 기억하는가? 에서는 순간적인 배고픔을 해소하기 위해 동생에게 그의 장자권을 팔았다. 그의 순간적인 선택은 그 자신과 그의 자녀들, 그 자녀들의 자녀들, 그리고 바로 오늘 날 에서의 후손들을 위한 다른 값진 삶의 가능성을 버린 결과를 낳았다.

물속에 던져졌을 때 잔물결을 일으키는 돌멩이처럼, 우리의 선택은 끊임없는 잔물결을 일으키며 인생에 영향을 준다. 팥죽 냄새가 배고픈 에서의 코를 자극했을 때, 그는 자신의 즉각적인 배고픔을 만족시키기로 선택했다. 장자권과 맞바꾼 것이었으니 얼마나 엄청난 교환인가!

하지만 어디 에서뿐이겠는가? 오늘날 수많은 사람들이 자신의 행복을 추구하며 완전히 이기적인 선택을 하고 있다. 어떤 이들은 즉각적인 욕구를 채우기 위해, 또는 일시적인 성취를 위해 그 일에 방해가 되는 사람들을 쫓아버리기도 한다. 이들은 자신과 자녀, 그리고 손자, 손녀를 위한 연속성을, 달콤한 '죽 한 그릇'과 교환해 버리는 것이다. 그러면 나와 당신을 유혹하는 '죽 한 그릇'은 무엇이며, 어떻게 우리가 일시적인 지금의 만족보다 전체 역사의 조명 아래 우리의 행동을 바라보고 선택할 수 있을까?

"나는 내 권리와 행복을 원해."

"나는 나의 일을 하고 싶어. 밖으로 나가 내 인생의 가치가 있는 것들을 찾고 싶어."

"나는 성공을 원해."

"나는 완전한 관계를 원한단 말이야."

가정에서 이런 말들이 끊임없이 남발된다면, 자녀들은 이기적이고 자아중심적으로 생각하며, 제멋대로 해도 된다는 생각에 빠지기 쉽다.

완전한 사람도, 내가 원하는 완전한 상황도 있을 수 없다는 걸 인정해야 한다. 내가 주장하는 나의 권리가 다른 사람의 권리와 정면으로 충돌하기 때문에 모든 관계란 불완전할 수밖에 없음을 인정하라.

자녀들에게도 가족이란 연령이 각기 다른 불완전한 사람들로 구성되어 있고, 각자가 다른 입장을 가지고 있음을 설명한다면 가정에서 발생하는 관계적인 문제들을 보다 잘 해결할 수 있을 것이다.

오늘 날 "가정에서 계속되는 싸움과 불화는 아이들에게 오히

려 부정적 영향을 끼치기 때문에 차라리 부모가 이혼하는 게 더 낫다"는 말이 종종 거론된다. 그런데 너무나 흔히 무시되고 있는 것이 있다. 금방이라도 이혼으로 결론날 것 같은 이 불길한 상황에 대해 자녀들이 불안감을 느낀다는 것이다. 부모들이 자기를 버릴 수도 있다는 두려움, 부모들의 싸움이 이혼으로 결론날 수도 있다는 공포로 그들은 밤마다 눈물 흘릴지도 모른다.

어떤 나이에 있는 사람이건 서로에게 고함을 지를 때 편안함을 느끼는 사람은 없다. 하지만 격렬한 논쟁 가운데서도 '해결책이 있을 거야'라고 확신한다면 아무래도 위안이 된다. 더 다행인 건, 싸우는 둘 중 한 사람에게는 그 상황을 해결할 만한 기발한 상상력과 지혜가 충분히 있을 것이라는 점이다. 둘 중 하나라도 스스로가 해결사 역할을 하려고 노력한다면 문제는 보다 쉽게 풀릴 수 있다.

자녀들 앞에서 싸우는 게 매우 안 좋다는 걸 알면서도 막상 감정이 격해지면 상황 판단이 흐려진다. 그런데 만약 아이들이 친구에게 다음과 같이 말할 수 있다면 그나마 건강한 싸움이라 할 수 있다.

"음… 우리 엄마랑 아빠는 때때로 싸우는데, 어떨 때는 굉장히 화가 나서 큰 소리로 싸우기도 해. 그렇지만 두 분은 서로를 정말 사랑하고, 우리도 사랑하시는 것 같아. 싸움이 끝난 후 어떻게 화해를 하고, 다 함께 할 수 있는 즐거운 일이 없을까 하는 생각을 많이 하시는 것 같아."

부부 간에 이견이나 다툼이 있는 건 당연한 일이다. 중요한 것은 그 다툼과 위기를 대처하는 모습이다. 부모들이 해결하는 과정을 묵묵히 듣는 것이나, 부모들이 인내하면서 해결하는 모습, 그리고 서로에게 불쾌감을 주지 않으면서 대화를 해나가는 방법을 보는 것은 매우 가치 있는 일이다. 건강한 부부싸움을 통해 어떻게 갈등을 해결하는지를 보여줄 수 있다면, 자녀들의 인간관계에 매우 큰 도움이 될 것이다.

안타깝게도 이러한 모범적인 삶의 양식을 경험하는 아이들이 극히 드물다. 싸울 때 먼저 화해하려고 나서는 일은 쉽지 않다. 그러나 애써 시도해 보자. 그리고 싸늘한 집안 분위기를 바꾸기 위해 가족 활동이나 나들이를 계획해 보자.

살아가면서 갈등이 없을 순 없다. 그러나 그 문제에만 골몰하다 보면 가족 간에 더 중요한 것들을 놓칠 수 있다. 위기를 극복하는 방법은 여러 가지가 있겠지만, 어느 한 쪽이건 화해의 손을 내밀고, 야외로 나가 저녁을 먹고, 라일락 숲 아래서 수박도 먹고, 저녁 후에 팝콘을 먹으면서 책을 읽거나 영화를 보고,

진부한 일상을 벗어나 앞으로 갈 휴가 계획을 세워보는 것도 좋겠다.

Q. 아이들과 좀 더 유익하고 끈끈한 시간을 가지고 싶은데, 도대체 뭘 해야 할지를 모르겠어요.

12

A. 자녀들과 특별한 즐거움을 나누라

 자녀들과 함께 하는 시간은 단지 교회에서 아이들을 가르치는 것과는 다른 시간이어야 한다. 식사 시간을 함께하고, 집 주변의 공원을 거닐거나 함께 산책을 하는 것, 가까운 산에 함께 올라가거나 호수에서 배를 타는 것, 놀이동산에 가서 즐거운 시간을 보내는 것 등, 특별한 즐거움을 함께 나누는 시간을 가져 보라. 음악회나 뮤지컬, 발레, 공연, 미술관이나 박물관에 함께 가는 것도 좋겠다.

남편인 프란시스 쉐퍼가 세인트 루이스에서 목회할 때, 네 차례의 예배가 있는 주일은 일주일 중 가장 바쁜 날이었고, 월요일은 휴일이면서 가족의 날이었다. 우리는 월요일 오후에 두 딸들이 학교서 돌아오면, 막내와 함께 세인트 루이스 미술관에 가곤 했다. 아이들이 이 공간에서 저 공간으로 옮겨 다니며 적합한 공간을 찾아내어 앉아서 그림이나 조각 작품을 그리기에 좋은 공간이었다. 남편은 "여기 가만히 앉아서 저 그림 좀 보렴. 그리고 무엇을 보고, 어떻게 느껴지는지 아빠한테 말해줄래? 그냥 빨리 걷기만 한다면 그림을 제대로 볼 수 없단다."라고 아이들에게 말하곤 했다. 그렇게 함으로써 예술 작품을 어떻게 감상하는지 가르쳐 주었다.

미술관을 나와서는, 공원 안의 작은 연못과 식물과 꽃으로 가득 차 있는 온실에 가곤 했다. 우리는 그 곳을 '보물상자'라고 불렀다. 싱그럽고 향기가 가득한 곳에 들어가 꽃들을 바라보며 꽃에 대해 이야기하고, 계절에 따라 꽃들이 변하는 모습을 보는 것은 쏠쏠한 재미를 주었다. 온실이 식물들에겐 생명의 터전이었고, 아이들에게도 중요한 삶의 일부였다. 또한 아이들에게는 자신들이 부모로부터 특별한 대접을 받고 있다는 느낌을 주는 중요한 일이었다. 길을 걸으면서 진지한 질문과 그에 대한 이야기를 나눌 여유를 주었고, 하나님이 창조하신 자연의 아름다움을 함께 즐기는 시간이었다.

그리스도인 부모들은 아름다움에 대한 자연스러운 감사와 응답이 자녀들의 삶 가운데 늘 함께 하도록 가르쳐야 한다. 이러한 경험을 하는 동안 당신은 자녀들을 더 잘 알게 되며, 이러한 일은 함께 아름다운 기억을 나누는 가치 있는 인간으로 아이들을 대접하는 고귀한 일이다. 당신이 자녀들과 함께 나누는 보는 것과 듣는 아름다움, 하나님이 주신 맛과 향기를 향유하게 하는 대화는 자연스럽게 우리가 하나님의 형상으로 만들어졌다는 사실을 아이들의 가슴에 간직하게 한다.

4부 바른 생각은 바른 행동을 낳는다

A Celebration of Children

Q. 아이들이 어릴 때부터 꼭 가르쳐야 할 부분이 있다면 무엇일까요?

13

A. 상처 주는 말을 하지 않도록 하라

아이들이 어려서부터 가르치려고 했던 한 가지 가르침이 있다. 내가 생각할 수 있는 최고의 설명으로 반복하고 또 반복해서 가르치려고 했던 가르침이었다. 그것은 아무리 논쟁이 뜨겁고, 화가 나고, 감정이 멀어졌더라도 이런 말을 해서는 안 된다는 것이다.

"그 사람이 나 때문에 얼마나 상처받았든 상관없어."

어떤 말들은 너무 귀해서 항상 말할 수는 없다. 어떤 말은 순간적인 만족을 위해 다른 사람을 깎아내린 이유로 큰 대가가 따른다. 어떤 말은 논쟁에서 단지 자신의 강점을 보이기 위해 값비싼 예술작품에 잉크를 던지거나 어마어마하게 비싼 조각상을 부수는 것과 같다. 어떤 이유를 막론하고 말을 한다는 것은 값을 치르게 된다. 이런 면에서 잠언은 어머니나 아버지, 혹은 자녀에게 적용할 수 있는 중요한 말씀을 전한다.

> 무릇 지혜로운 여인은 그 집을 세우되
> 미련한 여인은 자기 손으로 그것을 허느니라
> 미련한 자는 교만하여 입으로 매를 자청하고
> 지혜로운 자는 입술로 스스로 보전하느니라 잠 14:1, 3.

결코 지울 수도 잊어버릴 수도 없는, 차마 말로 표현할 수 없는 말은 어떤 말인가? 당신의 집을 뒤흔드는 것 같고, 당신 귓가에서 가족들이 산산이 부서지는 것 같은 말, 가장 귀한 관계를 황폐케 하는 것 같은 말은 무엇인가? 잘못된 말은 안전하게 받아들여지고 이해받고 있다고 느끼는 이에게 그가 서 있는 양탄자를 잡아 빼 넘어지게 하는 것과 같다. 말을 듣는 사람이 통제할 수 없고 아픈 기억을 떠올리게 하는 말, 안전하던 곳에서 갑자기 발가벗겨진 것 같은 공격을 받았는데도 도망갈 곳 없는 것처럼 느끼게 하는 말들이 그런 것들이 아닌가!

교제를 나누며 관계를 맺기 시작하는 시점에서 상대방의 큰 코나, 흉측한 모습, 정신적으로 불안한 모습, 혹은 특별한 단점들에 대하여 구별하여 말하지 않겠다고 마음속으로 결심하는 것은 대단히 중요하다. 물론 이런 결심이 너무 거창한 것은 아니지만, "야생마 같은 말들에 재갈을 물리겠다"약 3:3고 이성적으로 결심하는 특정한 영역이 있어야 한다. 즉 저 사람의 이런 모습에 대해서는 가능하면 얘기하지 말아야겠다고 결심하는 부분이 있어야 한다. 가능할까? 자신에게 형벌을 가하는 것처럼 억제하는 것이 힘든 일이지만 분명 가능한 일이다.

넘어지면서 흉곽을 심하게 다쳐 근육 전체가 심한 타박상을 입거나 갈비뼈가 부러진 적이 있는가? 나는 경험해 보았다. 기침할 때 몸이 갑작스레 통제되는 것이 놀라웠다. 기침이나 재채기할 때 얼마나 부드럽고 제한적으로 소리 내게 되는지, 웃길 때 터져 나오는 웃음을 어떻게 조용하게 웃는 것으로 조절이 되는지 놀라울 정도였다.

즉각적인 고통은 한계를 정하게 했고, 더 심한 고통이 따를 것이라는 지식은 통제력에 힘을 실어 주었다. 기침, 재채기, 웃음의 자유는 확실한 제한을 가질 때를 제외하고, 마음껏 누리기에 그 대가가 너무 커서 너무 사치스러운 자유가 되었다. 이것은 우리가 다양한 일에서, 심지어 본능적인 영역에서조차 스스로를 제한해야 한다는 예화이다.

말을 할 때는 어느 정도 정확성을 가지고 말해야 하지만, 민감한 이야기인 경우에는 너무 곧이곧대로 얘기하지 않고 조심스럽게 말하도록 조심해야 한다. 할 말이 있고 해서는 안 되는 말이 있는 것이다. 아이들에게도 상대방에게 말할 때는 해서는 안 될 말도 있음을 알려 주라.

우리 아이들이 누군가를 이기기 위해서 친구를 무시하거나 상처 입히는 말을 하지 않도록, 말하기 전에 한 번 더 생각하고 말하라고 가르치라. 절제하지 않고 말해 버림으로 이기는 것은 완전히 모든 것을 잃어버리는 것이라는 것을 강조하기 바란다.

만일 친구들과 다툴 때 친구들을 비난함으로써 주도권을 잡고 싶은 생각이 든다면 자신에게 물어보도록 하라.

"무엇이 더 중요한가. 우리의 관계인가, 아니면 내가 옳다는 걸 설득하는 건가?"

두 사람이 다른 의견을 가지고 토론할 때는 누군가 하나가 포기하고 나가떨어질 때까지 계속하려고 하지 말라. 싸움으로 끝날 것 같으면 거기서 대화를 끝내라. 주제를 바꿀 수도 있고, 독서나 음악 감상, 혹은 상대방의 이야기를 그저 들어주는 일 같은 즐거운 일을 시도해 볼 수도 있다. 어린 시절의 아이들은 신선한 주제를 꺼냄으로 어떻게 분위기를 좋게 하는지 빨리 배운다. 또한 토론할 때 아이들이 무시되지 않고 도움 받을 수 있어야 한다. 아이들과 무모하게 싸우는 대신, 어떻게 모든 이들에게 유익이 되게 소중한 시간을 사용하고 관계를 맺고 유지하는 데 도움이 될지 열린 토론이 있어야 한다.

관계를 성장시키기 위해 심각한 주제들을 피하라는 말이 아니다. 다만 대화할 때나 토론 중에 상대방에 대한 사려 깊은 마음과 배려에서 오는 민감성을 배제해서는 안 된다는 말이다.

《 주라 그리하면 너희에게 줄 것이니 곧 후히 되어 누르고 흔들어 넘치도록 하여 너희에게 안겨 주리라 너희가 헤아리는 그 헤아림으로 너희도 헤아림을 도로 받을 것이니라 》 **누가복음 6:38**

《 우리들 자신을 위해 한 일은 우리와 함께 사라지지만, 다른 사람들과 세상을 위해 한 일들은 영원히 남는다 》 **알버트 파인**

Q. 아이들에게 재정관리에 대한 부분을 어떻게 교육해야 할까요?

14

A. 즐겨 주는 자가 되게 하라

아이들에게 경제관을 심어주는 일은 어려서부터 하는 것이 좋다. 아이들을 가정 경제에 동참시키기도 해보고, 아이들이 처음 돈을 벌기 시작하면서부터 그 재정을 어떻게 사용해야 하는지에 대해 대화를 나누면 좋겠다.

아이들이 집에서 가사에 동참함으로서 수고한 대가로 용돈을 벌 수 있도록 일정한 규칙을 정하는 것도 좋다. 십일조나 헌금은 자연스럽게 작은 가방이나 지갑, 통 등에 따로 넣어 두도록 지도하라. 그것은 우리에게 주어지는 모든 물질과 재정이 하나님 것이라는 것을 마음에 새기게 하는 좋은 훈련이다.

하나님은 "네 보물을 하늘에 쌓으라"마 6:19~24고 하셨다. 은행에 저축하는 것 만큼이나 중요한 것이 하나님께 하는 저축이라고 가르치라. 그것은 아버지, 엄마, 아이들, 아내와 남편, 형제자매보다 주님을 더 사랑하느냐 하는 것을 의미한다는 것을 강조하라.

하나님을 사랑하는 것은 궁극적으로 이웃 사랑으로 표현된다. 하나님은 내 가족 뿐 아니라 주변의 이웃들의 필요에 민감하고 경제적으로도 나누기를 원하신다. 나누는 자에게 주님은 더 풍성하게 하실 것이다.

> 주라 그리하면 너희에게 줄 것이니 곧 후히 되어 누르고 흔들어 넘치도록 하여 너희에게 안겨 주리라 너희가 헤아리는 그 헤아림으로 너희도 헤아림을 도로 받을 것이니라 눅 6:38.

Q. 우리 아이들이 혼탁한 이 세상에서 비뚤어지지 않고 잘 크게 하려면 어떻게 해야 할까요?

15

A. 바른 생각은 바른 행동을 낳는다

우리가 보고, 듣고, 냄새 맡고, 만지며 느끼는 감각에 영향을 끼치는 건 무엇일까? 우리 행동은 어디로부터 비롯되는 것일까?

우리의 모든 행동은 생각에서 비롯된다. 창의성도 우리의 생각에서 비롯되며, 마음을 황폐하게 하는 파괴성도 폭력성도 생각으로부터 비롯된다.

생각은 좋은 행동이든, 나쁜 행동이든, 행동을 낳는다. 모든 행동은 생각에서 비롯된다. 또한 생각은 그 사람의 세계관을 형성한다. 생각은 사람들을 용기 있는 행동으로 몰고 가기도 하고, 예술과 문화를 창작하거나 파괴하게도 한다.

이렇듯 생각은 각 사람마다 다양하며, 교육과 가르침을 통해 한 세대에서 다음 세대로 전수되는 것이다. 미완성인 인간은 좋은 것이든 나쁜 것이든 교육과 가르침을 통해 그의 생각을 형성하게 된다.

자녀들에게 진리를 말해주고 싶다면 가르치려 하거나 억지로 외우게 하지 마라. 진리에 대한 논의는 길거리를 걷거나 산책할 때, 혹은 소파에 앉아서나 침대 머리맡에서 자연스럽게 이루어져야 하기 때문이다. 부모 된 우리는 다음 세대인 자녀들에게 살아계신 하나님을 사랑하며, 그 사랑에 기초하여 자녀와 다른 사람을 사랑하는 모습을 보여주어야 한다.

가끔 자녀들을 보면서 '아니 쟤가 도대체 저런 말과 행동을 어디서 배웠지?'라며 깜짝 놀란 적이 있는가? 가르쳐 준 적도 없고 부모 중 그런 행동을 하는 사람도 없는 데 말이다. 생각을 심어주는 이가 누구든지 간에 우리는 다른 사람의 영향을 받으며 산다. 처음엔 부모의 영향력이 절대적이겠지만, 차츰 다양한 사람들의 생각에 노출되는 게 사실이다. 이렇게 보면 부모의 기준과 다른 개인적인 가치 체계가 형성된다 해서 그리 이상한 일은 아니다. 하지만 막상 자녀들이 가르친 바 없는 테두리에서 행동하면 당황해 하고 심지어 실망하기도 한다.

여기서 말하고 싶은 게 바로 '다음 세대에 대한 책임'이다. 부모로서 뿐 아니라, 우리 모두는 다음 세대에 대해 책임이 있는 사람들이다. 올바른 생각과 세계관을 심어주는 게 얼마나 중요한 일인지 인식하고 있어야 한다. 혹자는 "세계관? 먹고 사는 데 지장 없으면 되지, 그런 걸 골치 아프게 왜 고민해?"라고 말할지도 모른다. 하지만 잠시 세기를 흔들었던 헤겔 사상을 떠올려 보자. 헤겔의 윤리관은 절대주의 체제 특성을 그대로 반영한다. 강력한 국가를 넘어, 살아 있는 최고 인격체로 여길 만큼 국가의 절대적 권위를 높였다. 이러한 한 개인의 생각이 히틀러의 국가사회주의나치즘, 이탈리아 파시즘, 마르크스 공산주의 등에 영향을 끼치리라 누가 짐작했겠는가.

모든 사람들은 다음 세대에게 다양한 생각의 문을 열어준다. 그 생각은 젊은이들을 깊은 절망에 빠뜨리게도 하고 희망과 용기를 줄 수도 있으며, 다른 사람과 사회를 위하여 행동하게도 한다. 또한 그 생각으로 인해 자살을 따라하기도 하고, 잔인한 행위를 흉내 내기도 한다. 이와 같이 생각이나 철학은 단지 사람들의 마음이나 책에서 끝나지 않고 각 개인의 삶이나 사회, 나아가 국가의 행동에 총체적으로 영향을 준다.

역사의 물결을 형성한 사람들은 젊은이의 마음속에 생각을 심어준 사람들이다. 부모 된 우리는 자녀들에게 어떤 생각을 물려 줄 것인가?

Q. 사역자의 자녀로서 우리 아이들을 어떻게 지도하면 될까요? 사람들에게 인정받는 아이로 키우고 싶은 건 욕심일까요?

16

A. 가장 관심을 가지는 일을 하게 하라

흔히 사역자의 자녀들은 부모에게 누를 끼치지 않아야 한다는 선입견 때문에 행동에 제약을 많이 받는다. 신앙적으로 올곧은 일만 해야 한다는 부담을 많이 느끼는 것이다. 하나님 앞에서 어떻게 살아야 하느냐 하는 관점보다 다른 사람의 기대치에

도달하려고 노력하는 경우가 더 많다.

예를 들어 보자. 8월 1일은 스위스의 독립기념일이다. 이 날에는 옛날부터 내려오는 큰 화톳불, 애국적인 행진과 연설, 그리고 불꽃놀이 등의 행사를 가진다. 아들 프랭키가 어렸을 때 각 마을의 주민들은 불꽃놀이를 하였다. 이 때 프랭키는 이런 불꽃놀이를 위하여 모금해도 되는지를 물어 보았다. 라브리 공동체는 물질이 필요하면 그것을 사람들에게 모금하는 것이 아니라 기도를 하는 원칙을 가지고 있었다. 그러나 프랭키가 물어보는 것은 라브리 공동체를 위한 것이 아니었다. 이것은 위대한 작품을 만들고 싶은 아이의 작은 소망이었다. 우리는 "그렇게 하렴" 하고 대답했다. 그래서 프랭키는 불꽃놀이를 즐길 만한 사람들에게 모금을 요청하기 시작했다. 우리는 이 일이 프랭키에게는 아주 중요한 일이라는 확신을 가졌다. 그리고 이 일은 모든 사람들이 자신이 기부한 돈의 가치를 확실히 누릴 만큼 멋진 행사가 되었다. 자발적인 기부금이 어느 정도 모아졌을 때, 프랭키는 행복해 하며 빌라스에 있는 가게로 가서 불꽃놀이에 필요한 물품들을 세심하게 골랐다.

그 후 해가 갈수록 프랭키는 정말 멋진 축제를 위해 엄청난 준비를 했다. 자두나무에 팔랑개비를 달고, 불꽃 분수가 잘 고

정되도록 정성껏 만든 나무 프레임을 설치했다. 다양성을 더하려고 높이도, 종류도 다른 것들을 마련했다. 불꽃놀이를 할 시간이 다가옴에 따라 쏘아 올릴 불꽃들이 가지런히 잘 정렬된 채 놓여져 있었다. 또한 뇌성마비 환우의 집인 벨레뷔에 친구들만을 위한 휠체어 자리를 따로 표시해 두기도 했다. 그 곳의 의사와 간호사들, 라브리 식구들과 노동자들을 위한 의자도 잊지 않았다. 본격적인 축제 시간이 다가옴에 따라, 쏘아 올릴 불꽃들은 가지런히 놓여졌고 다른 준비들도 계속 이어졌다. 내 역할은 이 모든 이들을 위해 충분한 간식거리를 만들어 놓는 것이었다.

프랭키가 행사를 설명해 주는 동안, 사람들은 주위를 둘러보며 호기심에 눈을 빛냈다. 몇 차례 참여한 단골손님들은 화려한 불꽃놀이의 대단원 이후에는 맛있는 엄마표 케이크와 아이스크림이 있다는 것도 알고 있었다. 135명에 이르는 많은 사람들은 산꼭대기에서 불꽃을 점화한 등신기에 관해 이야기하거나, 잊지 못할 저녁의 추억을 만들어준 프랭키의 수고에 고마워하면서 확장된 가족 시간을 즐겼다.

또 하나의 독립기념일이 다가오는 어느 한 해였다. 프랭키가 윗부분에 구멍 난 모금함 상자를 들고 하루 종일 사람늘 사이를 오갔고, 모여지는 동전의 짤랑거리는 소리를 들을 때마다 아주 만족해했다.

그때 나는 한 젊은이와 부엌에서 설거지를 하고 있었는데, 그는 기독교에 대해 잘 아는 듯 거드름을 피우며 신랄한 비판을 하는 사람이었다. 그는 그리스도인의 가정에서 태어났고, 기독교 대학을 다녔지만, 신앙으로부터 등을 돌린 상태였다. 그릇을 닦고 있던 그는 갑자기 방향을 바꾸더니 나에게 말했다.

"내가 보기엔 말이죠. 당신은 아들이 불꽃놀이를 한답시고 모금하는 걸 못하게 해야 해요. 그 돈은 차라리 선교사에게 보내 복음을 위해 쓰는 게 맞는 거 아닐까요?"

여기서 '당신'이란 말이 어찌나 냉소적이고 비꼬는 듯하던지… 그의 목소리에 묻어나는 악의적인 빈정거림을 표현할 수조차 없을 정도였다.

싱크대에서 몸을 돌린 나는 짧은 숨을 내뱉고 목소리에 힘을 실어 말했다.

"만약 당신의 부모님이 프랭키가 불꽃놀이를 위해 모금을 하도록 허용한 것처럼, 당신이 원하는 일을 하도록 허용했다면 아마 당신은 지금처럼 그렇게 기독교에 냉소적으로 되지는 않았을 것이라고 생각해요."

혹시나 이 말을 할 때 너무 강하게 하진 않았을까 살짝 염려가 되었지만, 사실 그가 신앙을 떠난 데는 부모의 책임도 있었으리라고 본다.

돈은 어린아이들에게 즐거운 추억과 아름다움과 창의성을 가져다 줄 수도 있는 풍성함을 제공한다. "복음을 전파하라"는 것을 가르치기 위해 당신의 자녀를 딱딱한 의자에 앉혀놓고 그들에게 강의하는 것보다 풍요롭고 여유로운 아동기를 주는 것이 신앙에 보다 더 도움이 된다. 나는 진정으로 잃어버린 자에게 복음을, 배고픈 자와 함께 음식을, 가난한 자와 함께 의복을, 그리고 가르칠 때는 자녀들에게 긍휼한 마음을 가져야 한다는 것을 믿고 있다. 그러나 이 모든 것은 때와 장소에 적합하게 풍요로움과 균형 가운데 할 수 있다고 생각한다.

5부 **사랑하기 힘든 순간에도 사랑하라**

A Celebration of Children

Q. 첫째는 너무나 예쁜데, 둘째는 도무지 이해도 잘 안 되고 사랑하기도 힘들어요. 어떻게 하면 둘째를 사랑할 수 있을까요?

17

A. 사랑하기 힘든 순간에도 사랑하라

"똑같이 내 배 아파 낳은 애들인데, 어쩜 그 아이는…"

한 어머니가 비딘에 잠겨 입을 열었다. 수년 동안 세 자녀 중 유독 정이 안 갔던 아이가 있어서 너무나 힘들었다고 한다. '아니, 엄마란 사람이…! 친엄마 맞아?'라는 생각이 드는가? 사실 그녀만 유별난 게 아니다. 열 손가락 깨물어 안 아픈 손가락 없다지만, 실제로는 똑같은 감정으로 자녀들을 대하기는 어렵다. 부모 자식 간이라도 성격 차이가 있기 마련이고, 자녀들 역시 어느 누구도 똑같지 않다.

어떤 엄마가 첫 아이 낳고 몇 년 후 이렇게 말했다.

"난 애를 너무 잘 기르는 것 같아. 어쩜 아이가 내 말을 그리도 잘 듣는지 모르겠어."

짐작했겠지만, 이 자신감은 그리 오래 가지 못했다. 둘째, 셋째가 태어나고 자람에 따라 자기가 너무 성급하게 판단했음을 고백할 수밖에 없었다. 확실한 양육 방식이라 생각했던 방법에 대해 각 아이들의 반응은 너무나도 틀렸고, 그녀의 이런 경험은 아이를 양육하는 정확한 공식이 있다는 신념을 바꾸어 놓았다.

때로는 셋째나 넷째 아이를 양육하는 것이 쉬울 수도 있지만, 첫째 아이를 키우는 것이 가장 큰 즐거움을 주기도 한다. 그러나 첫째 아이에게 즐거움이 되었던 엄마의 행동이 둘째 아이에게는 긴장과 어려움을 가져오는 일이 되기도 한다는 사실을 기억하라.

애들은 갖가지 모양으로 하루에도 수십 번 부모 속을 뒤집어 놓는다. 가령 지나치게 활동적이거나 시끄럽다든지, 혹은 너무 조심성이 없다든지 하는 등, 다 열거하지 못할 만큼 짜증나는 일들이 많을 수도 있다. 이럴 때가 중요하다. 부모로서 다듬어져야 할 부분이 어딘지, 자녀의 성장을 위해 어떻게 개입해야 할지 돌아볼 기회가 되기 때문이다.

먼저 화나는 일들이 발생할 때 뭐가 당신을 자극하는지 발견하도록 노력하라. 원인을 분석하지 않고 그냥 넘어가기만 한다면, 자녀와의 충돌이 성가시게만 느껴질 뿐 문제 해결에는 도움이 안 된다. 다음으로 폭발할 것 같은 격한 감정이 언제, 얼마나 자주 일어나는지 헤아려 보라. 완전히 이성을 잃고 과잉반응 한 때와 침착하고 분별 있게 했던 때를 대조하면서 말이다.

자녀는 부모 감정에 휘둘릴 대상도 아니고, 어른과 똑같은 인격체임을 잊어서는 안 된다. 한바탕 짜증과 분노의 감정이 지나갔다면, 잠시 부모라는 입장에서 벗어나 자녀를 친구로 바라보자. 현재 자녀의 가장 큰 관심사와 가장 뛰어난 재능이 무엇인지 검토해 보자. 당신의 자녀에게 격려가 필요한 부분과 인격적으로 강화시켜야 할 부분은 무엇인가? 부모의 영향이 절대적인 지녀들에 대해 생각하는 일을 소홀히 하지 말기 바란다.

사람은 많은 사랑을 받을수록 풍성한 삶을 누릴 수 있다. 하지만 내가 가진 것으로는 한계가 있으니, 사랑 자체이신 하나님께 기도로 구하는 게 중요하다. 자녀에게 필요한 사랑의 분량을 매시간 부어달라고 기도하라. 순간순간 어떤 방법으로 자녀를 사랑하면 좋을지 하나님께 여쭤 보라. 하나님께선 특별히 고린도전서 13장을 통해 사랑의 의미를 보여 주셨다. 우리가 만약 그 말씀대로 행하고자 한다면 놀라움으로 다가올 사랑의 진면목을 경험하게 될 것이다.

> 사랑은 오래 참고 사랑은 온유하며 시기하지 아니하며 사랑은 자랑하지 아니하며 교만하지 아니하며 무례히 행하지 아니하며 자기의 유익을 구하지 아니하며 성내지 아니하며 악한 것을 생각하지 아니하며 불의를 기뻐하지 아니하며 진리와 함께 기뻐하고 모든 것을 참으며 모든 것을 믿으며 모든 것을 바라며 모든 것을 견디느니라 고전 13:4~7.

하나님이 정하신 사랑을 실제적으로 적용할 방법을 찾는 데 상상력을 발휘해 보자. 기본적으로 다음 두 가지는 마음에 담아두는 게 좋다.

먼저 오래 참음이다. 당신의 자녀에 대해 인내심을 갖고 오래 참아야 한다. 때로 당신을 화나게 하고 괴롭힌다고 날카로운 비난의 말을 쏟아 붓지 않도록 노력하라. 견딜 수 없는 상황 속에서도 혀를 통제하며 참을 줄 알아야 한다. 하나님께 내 입에 파수꾼을 세워 입술의 문을 지켜달라고 그 순간 기도해 보라시 141:3.

둘째는 친절이다. 친절은 사랑의 외적인 표현이다. 마음에 따뜻한 사랑의 물결이 사라지는 순간에도 하나님이 말씀하시는 사랑의 의미를 곱씹으며 자녀들에게 친절을 베풀어 보라.

한 인간으로서의 자녀를 이해하려고 노력하는 가운데, 그리고 하나님의 사랑으로 사랑하려고 애쓰는 중에 서서히 자녀에 대한 사랑이 새록새록 깊어짐을 발견하게 될 것이다.

《 삶은 놀이다. 놀이를 즐겨라. 삶은 너무나 소중한 것이다. 이 삶을 파괴하지 말라 》 **마더 테레사**

《 상상력은 지식보다 중요하다. 지식은 어디까지나 경계가 있지만 상상력은 이 세상 전체를 둘러 쌀 수도 있다 》
알버트 아인슈타인

Q. 아이들이 놀다 보면 집안이 한 시도 깨끗한 날이 없어요. 깨끗한 집을 유지할 방법이 없을까요?

18

A. 지저분해지더라도 창의적인 활동을 격려하라

아이들이 창의적인 작업들을 한다고 할 때 집안이 어질러지지 않는 것이 우선일까, 아이의 놀이가 우선일까? 깨끗하게 정돈이 잘 된 집은 모든 사람에게 즐거움을 가져다준다. 그러나 아이들이 그림을 그리거나 진흙을 반죽하고, 옷을 잘라 그 조각들을 흩어놓는 일이 더 중요할 수도 있음을 기억하라. 마룻바닥에 흙을 떨어뜨릴까봐 자그마한 상자 안에서 식물이 여기저기 성장하는 경이로움을 포기하지 말라. 면직물이나 모직으로 만든 동물 인형의 꿰맨 부분이 서툴러 그 안에 내용물을 다시 집어넣으려면 소파 위에 솜털과 같은 것은 여기 저기 널리게 될 수 있다. 그러나 주위가 지저분해지더라도 네 살짜리 아이가 동물인형 속에 솜을 집어넣는 일을 즐겁게 하도록 격려하고 즐겁게 칭찬해 주었으면 한다. 집을 깨끗하게 유지하기 위해 아이들의 활동을 너무 제한하지 말라. 창의성이 발휘되도록 하는 분위기는 어린 예술가인 우리 자녀가 재주가 있든 없든 혹은 둔하든, 무언가를 하면서 엉망으로 만들 수밖에 없는 필요성을 존중해 주는 것이어야 한다.

창의성은 관객, 감상, 다른 사람의 반응, 또한 작품을 완성하는 것에 대한 자유, 그 작품을 만들기 위한 재료를 필요로 한다. 자녀들이 그린 그림과 작품들을 벽에 걸어 주는 것, 진흙으로 만든 첫 작품을 올려놓을 선반을 만드는 것, 아이들이 수집한 조개껍질, 돌, 나뭇잎, 나비 혹은 곤충, 우표나 단추를 전시할 임시적인 공간을 제공해 주는 것은 어려운 일이 아니다. 그러나 당신이 해야 할 일을 멈추고 관객이 되는 것은 귀찮거나 너무

불편한 일일 수 있다.

당신은 읽던 책을 내려놓고 자녀와 친밀한 전화 대화를 해야 하는 필요성과 집안의 자질구레한 청소 일을 잠시 중단하고 자녀들과 함께 편안하게 저녁식사를 할 필요성에 대하여 민감해야 한다. 또 형편에 따라 손에 뜨개질할 것을 가지고 자녀들이 하는 '아주 중요한' 행사나 연극, 음악회, 미술, 책 낭독, 역사의 한 사건에 대한 드라마 행사 등을 지켜보라. 자녀들이 하는 것이 미숙한 것은 문제가 되지 않는다. 자녀들이 오랜 시간을 준비했거나 혹은 갑자기 준비했거나 이러한 일들은 관객의 감상과 반응이 필요하다.

창의성은 정확한 순간에 호의적인 친구의 관심과 격려로부터 싹트고 자란다. 누군가가 와서 주시하고, 듣고, 보고, 반응하는 것을 필요로 한다. 혹 당신이 지적해 주고 싶은 부분이 있을지라도 자녀들이 발표한 직후 상기되어 있을 때 말해 주는 것은 적합하지 않다. 기억해야 할 법칙은 아이들이 노래, 연극, 혹은 그림 등을 발표한 직후 당신이 자녀들에게 말하는 것은 어떤 것이든지 긍정적인 것이어야 한다.

신뢰의 분위기는 아이디어를 서로 나누게 하고 무언가 대단한 작품이 탄생될 것이라는 기대를 가지고 일을 시도하게 한다.

이러한 분위기는 우리가 실수를 받아들이고 다시 시도하는 것을 정말 당연한 것으로 여기는 것이 기본적인 태도일 때 발생한다. 예를 들어 만일 자녀가 연을 날리는 것이 어설퍼 보인다면 "저런! 연의 꼬리를 약간 붙이면 연이 분명히 잘 날 수 있을 거야"라고 이야기해 주자.

자녀들의 창의적인 작업을 자유롭고, 대화하는 가운데, 깊은 신뢰감 가운데 격려하라. 또한 부모가 할 수 있는 창의적인 작업을 통해 본을 보여주라.

집안을 아름답게 꾸미는 일, 맛있는 음식을 만드는 일, 아름다운 정원을 꾸미는 일, 커튼을 만들거나 옷을 만드는 일, 작은 가구에 색칠하기 등 가정에서 가족들을 위해 할 수 있는 일들을 찾아보라. 테이블이나 책상, 침대 등 가구를 만드는 일, 큰 화분에 꽃이나 채소를 가꾸어 요리에 사용하는 일, 아이들과 함께 쿠키틀을 이용해 쿠키를 만드는 일이나 빵을 굽는 일 등 창의적이고 재미있는 일들을 통해 아이들과 유쾌하게 교류하며 몸소 보여줄 수 있다.

간단하지만 생각 깊은 작은 행동들이 자녀들의 생활에 자연스럽고 자발적인 창의적 행동을 낳게 한다.

하나님은 가정을 인생에서 가장 처음으로 아이들을 격려하고 성장시키는 환경으로 주셨다. 가능한 한 많은 가정들이 아이들이 창의성을 마음껏 펼치고 사랑하고 자유롭게 활동할 수 있는 터전이 되었으면 좋겠다.

《 어린이에 대한 태도를 보면 그 사회의 도덕성을 알 수 있다 》
디트리히 본 회퍼

《 그 때에 사람들이 예수께서 안수하고 기도해 주심을 바라고 어린 아이들을 데리고 오매 제자들이 꾸짖거늘 예수께서 이르시되 어린 아이들을 용납하고 내게 오는 것을 금하지 말라 천국이 이런 사람의 것이니라 하시고 》   **마태복음 19:13~14**

Q. 이제 막 청소를 끝냈는데, 흙 묻은 발로 흙이 뚝뚝 떨어지는 꽃이며 나무 잎사귀들을 들고 와서 너무나 화가 나서 야단을 쳤어요. 잘못한 걸까요?

19

A. 잡동사니 뒤에 숨어 있는 마음을 보라

이제 막 거실의 카펫을 깨끗이 청소하고 온 집안을 깔끔하게 정리해 놓고 한숨 돌리려는데, 그때 갑자기 당신의 자녀가 양손 가득 민들레와 바이올렛꽃을 잡초와 함께 들고 행복해 하며 문을 박차고 들어온다. 아이의 눈은 기쁨으로 가득 차 있고 지저분한 손이지만 그 안에 사랑을 가져왔다는 확신으로 눈은 반짝거리며, 자신이 가져온 이 특별한 선물에 대해 칭찬 받기를 기대하고 있다. 진흙과 잎사귀가 잡다하게 섞여져 있고 잎사귀는 말랐고, 신고 갔던 샌들은 방금 청소한 카펫에 흙발자국을 남겼다.

"엄마! 이거 엄마 드리려구요."

라고 숨을 몰아쉬며 손을 내민다.

아이들의 마음에는 무슨 일이 일어나고 있는 걸까? 이 특별한 '선물'로 엄마를 사랑하는 마음이 전해지리라 기대하는 것이다. 칭찬 받고, 계속 기억되기를 바라는 물적 증거랄까? 감정을 말로 표현하기 어려워하는 어린 아이가 사랑을 표현하는 하나의 방식인 셈이다. 그러므로 바로 이때가 매우 중요한 순간이 된다.

그렇다면 이 순간 부모의 반응은 어떠해야 할까?

"와~ 꽃이 정말 예쁘구나. 엄마 주려고 이걸 갖고 온 거야? 꽃병에 꽂아 엄마 침대 옆에 두고 볼 때마다 우리 딸 생각해야겠다. 정말 너~무 고마워~~!"

자녀들은 꽃으로 인해 마음이 전달되었다는 성취감과 기쁨의 감정을 가진다. 또한 엄마와의 관계가 안전하다는 안도감과 따뜻함을 느끼며 엄마의 사랑을 확인한 후 다시 밖으로 나간다. 아이가 다시 밖으로 나갈 그 때 아이에게 "다음에 집에 들어올 때는 부엌문으로 들어 오렴" 하고 제안할 수 있다. 카펫에 묻은 진흙과 잎사귀를 청소하고, 카펫에 떨어진 얼룩들을 청소기로 청소해야 하겠지만, 아이들의 행동에 사랑으로 응답하는 것의 값으로 따진다면 그쯤이야 감당할 만하지 않겠는가?

반대로 이런 반응을 보인다면 어떻게 되겠는가?

"아유~ 내가 못 살아! 이 말썽꾸러기야! 이제 막 청소한 카펫 위에 이 흙덩이와 나뭇잎 좀 봐라. 이게 다 뭐니? 당장 그 더러운 것들 버리고 너도 좀 씻어. 왜 시키지도 않은 짓을 해서 사람을 귀찮게 만드니?"

이러한 말은 자녀를 주눅 들게 만들고, 엄마에게 마음을 표현할 겨를도 없이 문 밖으로 내모는 분위기로 만든다. 아이의 빛나던 눈빛은 죽어가고 혼란스러워하며 헝클어진 머리를 푹 숙인다. 말없이 눈물을 떨어뜨리거나 소리 내어 울 수도 있다. 아이 입장에서는 무언가 잘못 돼도 한참 잘못된 것이다. 내면이 철저히 짓밟히고 상처 받아서 시든 꽃보다 더 위축된다.

"난 단지 애한테 그 쓸데없는 더러운 걸 버리라고 했을 뿐이에요. 다음 번엔 내가 말한 대로 어떻게 행동해야 하는지 기억하겠죠. 쓸데없이 카펫을 또 청소할 순 없잖아요. 내가 시간이 남아도는 것도 아니고, 뭐 내가 애들 뒤치닥거리 해주는 사람으로 태어난 것도 아니잖아요."

아이가 왜 그 꽃을 가져왔는지 아이의 마음을 모르는 부모는 이렇게 표현할지도 모른다. 이렇게 무심결에 깨어진 자녀와의 관계가 회복되기까지는 값비싼 대가를 치르게 된다.

부모의 반응이 어떤 것이건 간에 그 상황을 통한 교훈은 아이에게 전달되고, 거기에서 인간관계를 배우게 된다. 경우에 따라서 아이들은 틀을 갖춘 설교나 훈계보다 더 생생하게 배우고 기억하게 된다. 그리고 아이들은 보고 배운 대로 행동한다.

어쩌면 부모는 "이제 더 이상 집을 더럽히지 않겠지!"라는 감정을 가지고 스스로 만족할 수도 있다. 그러나 그 순간에 심겨진 분노의 씨앗이 10년 후 통제 불능의 반항으로 나타날 때 경악하게 될 수도 있다. 또한 나중에 자녀가 다른 사람에 대해 몰인정하고 비인격적으로 대우하는 것이 어린 시절 당신을 통해 배웠다는 사실에 소름이 끼칠지도 모른다.

"한 사건의 영향이 얼마나 멀리까지 미칠 수 있다고 보는가?" 한 번의 일로 이런 영향을 미치지는 않을 것이다. 그러나 그 한 번이 여러 번 연속하여 쌓일 때에 그것은 삶으로 연결된다. 특별히 부모인 당신이 생각 없이 무례하게 행한 것에 대해 말로 인정하거나 사과를 하지 않는다면, 그 영향은 오랫동안 계속되어 부모에게 되돌아올지도 모른다.

부모들이여! 집안을 깨끗하게 청소하고, 계획과 규칙에 따라 사는 것이 아이들의 마음을 헤아리기보다 더 중요하다고 생각하는 오류를 범하지 말기를 바란다.

《 자녀들아 우리가 말과 혀로만 사랑하지 말고 행함과 진실함으로 하자 》   **요한1서 3:18**

《 나는 내 제자들을 가르치지 않는다. 단지 배울 수 있는 환경을 제공해 줄 뿐이다 》   **알버트 아인슈타인**

Q. 아이가 말을 안 듣고 짜증낼 때가 많아요. 도대체 어떻게 해야 할지를 모르겠어요.

20

A. 아이들의 신체적 필요에 민감해지라

아이들은 특별한 신체적 필요를 느낄 때, 감정적으로 영적으로, 또는 지적, 심리적으로 어른들과 다르게 반응한다. 이러한 반응들에 대해 가족 중의 한 사람은 세심히 살필 수 있어야 하고, 또는 누군가는 책임 있게 대처할 수 있어야 한다.

사람에 따라 더위나 추위를 타는 정도도 다르고, 맛과 깨끗함의 선호도도 다르다. 또한 배고픔이나 피로감을 느끼는 정도와 반응도 큰 차이가 있다. 혈당이 떨어지면 아무 것도 못하는 사람도 있다. 시끄러우면 못 견디는 식구도 있을 것이다.

데이빗은 학교에서 돌아 왔을 때 몸은 차갑고 신경은 날카로웠다. 혈당이 낮아서 하루 종일 많이 피곤한 상태였기 때문이다. 이런 상황을 알아채지 못한 엄마가 대뜸 이렇게 말한다.

"너 야구 놀이 하다가 옆집 창문을 깼다며? 지금 당장 가서 죄송하다고 말씀드려라. 갔다 와서 바로 숙제 시작하고!"

순간 화가 난 데이빗이 투덜거리며 짜증을 내고, 엄마는 그런 반응에 정색을 하고 야단친다. 아이의 몸 상태에 대한 이해가 없다면 이 악순환은 계속될 것이다. 몸 상태가 너무 안 좋았던 아이, 마냥 무례하다고 야단만 칠 수 있을까? 지친 안색으로 들어오는 아이에게 그 순간 필요했던 건 무엇이었을까?

엄마가 데이빗의 몸 상태와 기분을 헤아렸다면 이렇게 말하는 게 바람직할 것이다.

"데이빗! 배 고프지? 이리 와서 땅콩버터 바른 빵과 뜨거운 코코아를 좀 마시렴. 양말이 눈 때문에 다 젖었구나. 뜨거운 물로 샤워하고 이리로 와 봐!"

데이빗이 맛있는 간식으로 혈당을 채우고 몸을 따뜻하게 녹인 뒤 기분이 상쾌해졌을 때 부모가 같은 요구를 한다면 아이도 다른 태도를 가지고 받아들일 수 있을 것이고, 숙제도 자기가 스스로 챙겨서 할 수 있을 것이다.

갓 돌 지난 아이는 계속 찡얼거리고, 네 살짜리 아이는 괴성을 지르며 집안을 돌아다니고 있다. 아빠가 도착할 때쯤엔 저녁 식사를 준비해야 할 텐데 머릿속은 폭발 직전이다. 남편이 돌아와서 잔소리라도 한 마디 한다면 험악한 분위기가 연출될 것이 뻔하다.

그런데 우리 몸의 반응과 작용을 알고 있으면 대처하기가 훨씬 쉬워진다. 아이들도 어른도 배가 고프면 혈당이 낮아지는 것을 기억하라. 우리 몸은 음식을 필요로 할 뿐 아니라 마음을 진정시킬 분위기도 필요로 한다.

그러면 무엇을 해야 할까?

아기와 네 살짜리 아이를 목욕탕에 넣고, 만일 추운 날이면 따뜻한 물을, 더운 여름 날 저녁이면 미지근한 물을 채우고, 순한 거품비누나 향기 좋은 목욕 오일을 풀어주고 물에 뜨는 장난

감 몇 개를 띄워 주라. 아이들은 몇 분 안에 다른 분위기로 바뀔 것이고 당신은 저녁 식사 준비를 조금 편안한 기분으로 할 수 있을 것이다. 아이들마다 정서적으로 신체적으로 다를 터이니 아이에 맞는 처방을 내리는 것이 좋다.

당신이 저녁식사 시간을 시시한 말다툼으로 망치지 않겠다는 마음이 있다면, 바로 그 자리에서 아이들의 배고픔을 해소해 주라. 네 살짜리 아이는 꽃 모양으로 예쁘게 장식된 식기에 에그 스크램블과 토스트, 요구르트 혹은 당신 손으로 직접 만든 쥬스를 담아 주어라. 아이가 먹을 때 무릎에 아이를 앉히고 먹이거나, 식탁 의자에서 먹일 수도 있다.

이러한 상황들은 시간에 따라 변화할 수 있다. 무엇보다 그 아이가 피곤한지, 배가 고픈지, 너무 춥거나 덥지는 않은지, 기분이 나쁜지, 무슨 일 때문에 신경질적이 되어 있는지를 민감하게 파악하고 있는 것이 중요하다.

어른들 중에 아이의 상황에 상관없이 흥분하여
"너 왜 말을 그렇게 안 들어!"
라고 고함지르는 사람은 왜 어린아이들이 그 순간에 자기 자신을 통제할 수 없는지에 대한 이해가 없는 사람이며, 이러한 어른들로 인해 아이들은 기분과 행동의 악순환이 더 악화된다.

아이들에게 어떤 요구를 하기 전에 어떤 배려를 해주어야 하는지를 먼저 생각하도록 하자.

《 세상은 고통으로 가득차 있을지라도, 세상에는 고통을 극복하는 방법 또한 가득하다 》 **헬렌 켈러**

《 우리는 그가 만드신 바라 그리스도 예수 안에서 선한 일을 위하여 지으심을 받은 자니 이 일은 하나님이 전에 예비하사 우리로 그 가운데서 행하게 하심이니라 》 **에베소서 2:10**

Q. 우리 아이가 다운증후군이에요. 이 아이에게 신경 쓰느라 다른 아이들에게 신경을 못 쓰게 되는 것이 제일 걱정이에요. 과연 아이들을 잘 키울 수 있을까요?

21

A. 장애아는 또 하나의 축복임을 기억하라

모든 부모들은 자녀를 훌륭하게 키우고 싶다는 소망을 가진다. 또한 모든 부모들은 보통 집안에 '삶의 질'을 손상시킬 수도 있는 신체적 문제를 가진 사람이 없는 가족으로 구성되는 '안전한' 가정을 꿈꾼다. 그러나 날 때부터 장애를 지니고 태어나는 아이들도 있고, 출생시 건강한 아이가 여섯 살이 되어서 사고를 당하거나 소아마비를 앓거나, 혹은 세 살에 다른 질병을 앓게 되는 경우들도 생긴다. 만약 의도하지 않게 자녀들의 건강이 심각한 손상을 입는다면 당신은 어떻게 대처할 것인가?

몇 달 전에 데비와 우도는 그들과 함께 샤렛 젠티아나에 살았던 한 친구에 대하여 이야기했다. 데비가 말하기를 "그 친구는 참 자상한 사람이었어요. 그는 작은 것에도 배려를 잘 했어요. 사람들에게 필요한 물건을 가져다주기 위해 애썼고, 아이들에게는 더욱 친절하고 사려가 깊은 사람이었지요." 어느 날 내가 물었어요.

"당신은 대부분의 젊은 사람들과 틀리게 정말 남을 잘 배려하는 것 같아요. 어떻게 그렇게 할 수 있지요?"

그는 이렇게 말했어요.

"아마도 우리 집에 다운증후군을 가진 동생이 있어서일 거예요. 우리 형제자매들은 이 여동생이 소외감을 느끼지 않도록 하기 위하여 무엇을 해줄 수 있을까? 어떻게 여동생에게 필요한 것을 채워 주고 또 동생에게 용기를 줄 수 있을까를 항상 생각하며 살았어요. 우리 식구는 모두 그녀를 매우 사랑했지요. 그 사랑이 여동생의 행복에 진정한 밑거름이 되었을 거라 생각해요. 그러다 보니 자연스럽게 다른 사람들의 감정과 생각을 배려하는 게 습관이 된 것 같아요."

'일반적인' 가정이 곧 '안정된 가정'일까? 그렇다면 이 친구의 집은 장애인 여동생 때문에 평범하게 보이지 않을 수도 있다. 하지만 그는 분명 가장 좋은 가정에서 자란 것임에 틀림없다. 부모가 자녀들에게 여동생을 잘 보호하고 소외되지 않도록 늘 유의하며 교육시켰기 때문이다.

누군가의 특별한 필요에 관심을 가지는 것, 다양한 활동 가운데 아이들 모두가 참여하도록 상상력을 사용하는 것 등은 아이들을 더욱 풍요롭게 만든다. 그러한 가정에서 크는 아이들은 친절과 인내심을 배울 뿐 아니라, 그것은 창의성과 독창성을 개발시키는 열린 문이 된다.

장애를 가진 아이를 포함해서 함께 할 수 있는 놀이는 어떤 게 있을까? 가령 동물이나 과일, 꽃 등의 모양을 이어서 하는 퍼즐 놀이를 생각해 보자. 이러한 게임을 통해 조각 하나하나가 한 부분의 역할을 한다는 것을 알게 된다. 퍼즐 조각의 모양을 서로 맞추는 재미도 있고, 아주 복잡한 조각으로 이루어진 퍼즐을 서로의 도움에 의해 맞춰 가면서 정서적인 힘을 얻게 된다. 또한 완성하기까지 열정과 성취감을 느낄 수 있게 해준다.

또 자녀들과 함께 사진으로 스크랩북을 만들어 보는 것도 좋겠다. 그 중 몇 페이지는 예쁜 천을 사용해서 꾸밀 수도 있고, 사진을 정리하면서 그 때 있었던 일들을 이야기하는 재미도 있다.

가족의 이야기를 유도하는 도구로 융판이나 자석판에 사진을 붙이는 것도 재미있다. 가족들이 함께 시간을 보내고, 함께 나누는 시간은 큰 기쁨을 줄 뿐 아니라 상상력을 북돋아 주고 인격 성장에 큰 도움이 된다.

만약 당신의 아이가 장애아라면 미래에 예수님이 오실 때에 우리의 몸이 눈 깜짝할 사이에 변하여 완전하게 될 것이라는 것을 기억하라. 그때는 어떠한 장애도 없을 것이며, 육체적, 정신적, 감정적, 그리고 영적으로 완전하게 될 것이다. 비록 지금은 우리 아이가 육체의 장애에 갇혀 있겠지만, 그 때에는 무한한 자유함을 누리게 될 것이다. 이것이 사실이라는 것이 얼마나 위대한 일인가!

> 그 때에 맹인의 눈이 밝을 것이며 못 듣는 사람의 귀가 열릴 것이며 그때에 저는 자는 사슴같이 뛸 것이며 말 못하는 자의 혀는 노래하리니 이는 광야에서 물이 솟겠고 사막에서 시내가 흐를 것임이라 사 35:5~6.

《 두려움에 직면하게 되는 모든 경험을 통해 당신은 힘과 용기, 그리고 자신감을 얻게 된다. 그러므로 절대 해낼 수 없을 거라 생각하는 일들을 해야 한다 》　　　　　　　　　　　　　　　　　　　　**일리노어 루즈벨트**

《 내 이름으로 불려지는 모든 자 곧 내가 내 영광을 위하여 창조한 자를 오게 하라 그를 내가 지었고 그를 내가 만들었느니라 》　　　**이사야 43:7**

6부 하나님의 방법으로 훈육하라

A Celebration of Children

Q. 아이들이 잘못을 했을 때 사랑으로 감싸는 것이 좋을까요? 따끔하게 야단치는 게 좋을까요?

22

A. 하나님의 방법으로 훈육하라

그리스도인으로서 자녀를 양육할 때 먼저 자녀의 모습을 통하여 부모 된 우리를 훈련하시는 하나님을 기억하기 바란다. 부모는 하나님이 주신 자녀를 통해 아버지 하나님의 마음을 부분적으로 느낄 수 있으며, 자녀와 더불어 성장하게 된다.

부모들이 꼭 마음에 새겨야 할 것이 있다. 먼저 아버지들은 감정적으로 아이를 함부로 대하지 않도록 조심하라. 하늘에 계신 아버지 하나님이 관대하고 친절하신 것처럼, 관대하고 친절한 사랑을 보여주어야 한다. 자기 새끼를 날개 아래에 품는 독수리처럼, 우리가 하나님으로부터 멀어질 때 하나님은 우리를 잡으려고 준비하시고, 그 곳에서 자신의 살아계심을 우리에게 알려 주시는 분이심을 기억하자. 하나님께서는 그의 날개 아래 우리를 품고 계시는 분임을 잊지 말자. 부모로서 우리는 삶의 순간순간에, 적합한 장소와 시간에 그러한 사랑과 보호를 자녀들에게 보여주어야 한다. 이런 경험들을 통해 자녀들은 부모의 보호와 사랑을 신뢰하게 된다.

아이가 넘어질 때 한 손으로 그 아이를 잡으면서 "왜 이렇게 말썽을 부리니? 옷이 엉망이 됐잖아!"라고 씩씩거리며 외치려는 순간에, 우리가 죄나 유혹에 빠지거나, 실수나 어리석은 결정을 할 때 우리를 그러한 곳에서 들어 올리시는 하나님의 사랑에 대해 생각해 보라. 부모는 자녀들에게 '아버지'라는 단어와 아버지의 실체가 무엇인지를 대표하고 있다는 것을 기억할 필요가 있다.

또한 특히 어머니의 역할에 대해 강조하고 싶다. 성경은 어머니에 관해 여러 차례 말씀하신다. 어머니의 사랑과 지혜는 자라는 자녀들에게 더할 나위 없이 중요하다.

사람은 태어나면서부터 주변을 둘러싼 환경과 문화에 노출된다. 그런데 생후 1~2년 사이에 얼마나 많은 것을 배우고 성장하는지를 생각하면 놀랍다. 문제는 진리와 사랑에 근거하여 기본적인 것들을 가르치기에는 그 결정적 시간이 너무나 짧다는 데 있다. 그렇기 때문에 어머니들이 더욱 하나님의 말씀 아래 있어야 하는 것이다.

> 너희가 죄와 싸우되 아직 피 흘리기까지는 대항하지 아니하고 또 아들들에게 권하는 것같이 너희에게 권면하신 말씀도 잊었도다 일렀으되 내 아들아 주의 징계하심을 경히 여기지 말며 그에게 꾸지람을 받을 때에 낙심하지 말라. 주께서 그 사랑하시는 자를 징계하시고 그가 받아들이시는 아들마다 채찍질하심이라 하였으니 너희가 참음은 징계를 받기 위함이라. 하나님이 아들과 같이 너희를 대우하시나니 어찌 아버지가 징계하지 않는 아들이 있으리요. 징계는 다 받는 것이거늘 너희에게 없으면 사생자요 친아들이 아니니라 히 12:4~8.

이 말씀은 하나님이 우리를 사랑하시기 때문에 때로 우리를 징계하시고 채찍질하심 같이, 우리가 자녀들을 진정으로 사랑한다면 아이들이 잘못했을 때 제대로 훈육해야 함을 보여준다. 하나님은 징계가 없으면 사생자요 친아들이 아니라고까지 말씀하신다. 하나님은 우리가 하나님의 거룩하심에 참여하도록 우리를 훈련하신다. 우리가 죄와 싸우며, 하나님이 권면하신 말씀 가운데 거하기를 독려하신다.

> 무릇 징계가 당시에는 즐거워 보이지 않고 슬퍼 보이나 후에 그로 말미암아 연단 받은 자들은 의와 평강의 열매를 맺느니라 히 12:11.

하나님의 말씀 가운데 훈육하는 것은 우리 아이들을 이 땅 가운데 더욱 견고하게 세울 것이다. 그러나 우리는 실수하지 않도록 조심해야 한다. 만약 부모가 스스로가 화가 나 있거나 좌절감에 빠져 있거나, 짜증이 나 있는 상황에서는 자녀를 훈육하기 전에 먼저 조용하게 기도하기를 권한다. 자신의 감정 때문에 아이들에게 부당하게 대하기가 쉽기 때문이다.

만약 우리의 연약함으로 아이들에게 잘못 야단을 친 경우라도 너무 죄책감을 가지지 말라. 부모가 항상 완전한 것은 아니며 우리의 실수에 대해 하나님은 용납하신다.

자녀들을 올바르게 가르치기 위해서는 타당한 잘못에 대하여 확고하고 일관성 있는 가치관과 태도를 가지고 있어야 한다.

실수와 고의적 잘못을 구별하기 바란다. 벌을 내리는 이유가 자녀에게 이해가 되도록 주의해야 한다. 이 과정에서 많은 인내가 필요할 것이다.

사랑은 오래 참고 견디는 것이며, 사랑은 친절하다. 훈육하는 과정에서 사랑이 아이에게 느껴져야 하며, 친절한 태도로 표현되어야 한다는 것을 명심하라.

《 최고의 교훈은 과거의 실수로부터 얻어진다. 과거의 과실은 바로 미래의 지혜이다 》
데일 터너

《 창의성에 영향을 미치는 요인들을 찾아내기 위해 성장 과정에서부터 교육 배경에 이르기까지 수많은 요인들을 조사한 결과, 차이는 딱 한 가지였다. "창조적인 사람은 스스로 창조적이라 생각하고 그렇지 못한 사람들은 자신이 창조적이라고 생각하지 않는다" 》
로저본 외흐, 「생각의 혁명」 중에서

Q. 아이들을 자기주도적으로 키우고 싶어요. 아이들이 스스로 무언가를 할 수 있는 능력을 키워 줄 방법이 없을까요?

23

A. 스스로 무엇인가를 만드는 경험을 하게 하라

자녀들의 자아발견을 위해서는 현명하고 상상력이 있는 부모에 의한 지도와 가르침, 그리고 준비가 필요하다. 자녀들은 매일의 삶 속에서 많은 것들을 배울 수 있다.

자녀들과 함께 손가락으로 그리는 그림, 점토나 밀가루 반죽으로 만들기, 붓으로 그림 그리기 등을 하는 활동을 통해 아이들의 자아 탐색이 시작된다. 다음 단계를 전혀 모르는 상황에서도, 자녀들이 한 걸음 더 나아가 처음으로 뭔가를 해보도록 유도하는 활동도 자기 탐색의 길을 열어준다.

아이한테 "너는 너무 어려서 옷을 만들 수가 없단다. 여기 손수건의 가장자리나 꿰매 보렴"이라고 말하지 말고 다양한 영역에서 자신의 관심사를 파악하도록 허용해 주라. 나는 내가 아홉 살 때 처음으로 내 옷을 만들었던 것을 기억한다. 물론 그것은 마치 인형 옷처럼 부실하기 짝이 없는 단순한 모양이었던 것을 인정한다. 그렇지만 목과 소매 주변을 사선으로 공들여서 수작업 했고, 비록 바느질한 게 비뚤거리긴 했지만, 난 그 옷을 자랑스럽게 입고 다녔다.

어린 아들과 함께 쿠키를 만들어 보는 건 어떨까? 남자 애들도 여자 애들만큼 요리를 배울 필요가 있다. 아들에게 세상에서 가장 유명한 레스토랑의 주방장들이 대부분 남자라는 사실을 알려 주어라. 물론 아이들과 함께 요리를 하다보면 부엌이며 바닥이 온통 지저분해질지도 모른다. 그러나 깨끗한 부엌만을 생각한다면 자녀와 함께 하는 요리 시간은 중단되고 만다. 이렇게 말해 보자.

"부엌이며 요리가 좀 엉망이 되더라도 애들이 스스로 할 수 있도록 해주자. 좋은 경험이 될 거야!"

그러면 당신은 경쾌하게 말할 수 있게 될 것이다.

"가서 계란을 가져다가 여기에 깨뜨려 봐. 그래 그렇지."

아이가 잘못 깨뜨렸어도

"앗! 이런~! 그래도 괜찮아. 여기 계란이 더 있는 걸~!"

쿠키를 만드는 간단한 과정에서 다음에는 어떤 것을 하면 되는지 하나하나 알려 준다.

"그렇지, 잘하고 있어. 이번에는 그걸 이 컵에 한 번 재보고, 여기다 옮긴 후 큰 스푼으로 저어주는 거야. 알겠지?"

이 때 다양한 모양의 쿠키틀이 있다면 아이는 더욱 즐겁게 동참할 수 있을 것이다.

내가 처음으로 만들어봤던 건 복숭아잼이었다. 아이들과 만드는 과정을 함께 해 보라. 복숭아를 끓는 물에 넣어 껍질이 흐물흐물하게 되는 것, 큰 숟가락으로 한 번에 그것들을 조심스럽게 들어 올리는 것, 무엇보다 복숭아가 조금 식었을 때 껍질이 마술처럼 벗겨지는 것 등의 과정을 보여 주라. 또한 아이들이 두세 컵 분량의 복숭아를 자르고, 같은 양만큼의 설탕과 건포도 약간, 계피가루 한 스푼을 넣은 후, 적당히 졸여질 때까지 잘 젓도록 해보라. 그것은 그들의 첫 복숭아잼이 될 것이다. 잼이나 젤리, 통조림같은 형태로 만드는 것이 한 번 만들어진 식사보다 더 오래 간다는 걸 발견하고는 일주일 후에도 즐거워할 수 있을 것이다.

  나의 어머니는 그 잼을 보관하기 위해 잼 뚜껑 위에 파라핀을 조심스럽게 붓도록 하셨다. 그 파라핀이 서서히 식으며 하얗게 굳어가는 과정을 지켜보며 굉장히 좋아했던 기억이 지금도 생생하다. 그 때 나는 혼자서 만드는 것을 배웠는데, 내가 만든 복숭아잼을 막 구운 신선하고 따뜻한 빵에 발라 먹을 때의 만족감을 아직도 생생히 기억하고 있다.

  자녀들을 위한답시고 모든 것을 다 만들어진 상태로 손에 쥐어 주지 말자. 아이들이 배워야 할 모든 것이 고작 전자 게임의 버튼을 누르는 것이 되게는 하지 말자.

Q. 우리 아이들이 책 읽는 기쁨을 알게 할 방법이 없을까요?

24

A. TV 시청 시간을 줄이도록 해보라

가정에서 대화와 책, 음악적인 분위기를 만들기 위한 가장 쉬운 방법들 중 하나는 TV 시청을 줄이는 것이다. 만약 가족이 정말로 대화하면서 생각을 나누고, 음악을 들으며 그 작곡가와 음악가들에 대해 이야기하기를 원한다면, 가족이 함께 큰 소리로 책 읽기를 적극 추천한다. 자녀들에게 다양한 책들을 소리 내어 읽으며 즐기도록 교육하는 것은 가정에서 자연스럽게 사회 문제들이나 일상생활에 대한 의견을 나누도록 문을 열어주는 것이다.

벽난로 옆에서나 밝은 햇살 아래서, 가족들과 함께 큰 소리로 책 읽기! 이것을 기대하도록 가르치는 것은 매우 본질적인 교육이 된다. 여러 가지 이유가 있지만, TV의 대체물로서, 아니 그 이상으로, 책만큼 중요한 것은 없다. 독서를 일상생활에 정착시키기란 분명 쉽지 않다. 그럼에도 불구하고 독서는 오래 전부터 그래 왔던 것처럼, 다른 무엇보다 우선시 여길만한 가치가 있다.

우리 가족의 경우, 나는 아이들 각각에게 많은 시간 책을 읽어주었고, 때로는 일정 시간 같이 읽기도 했었다. 지금 다 자란 그 아이들은 자신의 자녀들에게 책을 읽어주고 있다. 라브리 공동체에서는 바쁜 일을 하다가도, "죄송합니다. 지금은 아이들에게 책 읽어 줄 시간이거든요." 라며 잠시 자리를 비우는 사람들을 자주 만날 수 있다. 라브리에 도움을 받고자 온 사람들은 그런 모습을 통해 자연스럽게 건강한 가정의 모습을 경험하기도 한다.

TV 뉴스 시간이 되면, 나는 그걸 함께 보고 의견을 나누자고 말하곤 했다. 시간이 된다면 신문을 크게 같이 읽거나, 혹은 각자 기사를 따로 읽은 후 다른 내용들에 관해 얘기해 보는 것도 괜찮다.

"이 기사는 이러이러한 부분에서 좀 왜곡된 것 같구나."

"이건 독자들의 생각을 바꾸려는 사설이 담긴 취재 기사야."

등의 대화를 통해 아이들은 글이나 사회를 보는 눈을 키우게 된다.

그리고 좋은 기사나 글이 있다면, 그 부분을 자세히 읽고 왜 좋은지 서로 나누는 과정도 재미있다.

아이들에게 국내외 소식을 소개하고, 그들이 그에 관해 생각하고 얻은 정보들을 조합할 수 있도록 도와주라. 이는 자녀들이 학교에서 무엇을 배우든, 가정이 교육적인 보조 역할을 톡톡히 할 수 있게 하는 비법이다. 집에서 배운 이러한 교훈들은 그들 삶에서 매우 가치 있게 사용될 것이다.

《 근신이 너를 지키며 명철이 너를 보호하여 악한 자의 길과 패역을 말하는 자에게서 건져 내리라 》　　　　　　　　　　**잠언 2:11~12**

《 우리 자신에 관해 확신할 수 있는 건 우리에게 고통을 뛰어넘어 창조하고, 극복하고, 인내하고, 변화시키고, 사랑할 능력이 있다는 사실이다 》　　　　　　　　　　　　　　　　　　　　　**벤 오크리**

Q. 세상이라는 위험한 공간에서 우리 아이들을 안전하게 기를 수가 있을까 걱정이예요.

25

A. 우리 아이들의 어린시절을 보호하라

당신이 살고 있는 지역에서 둘러싸고 있는 모든 위협으로부터 당신은 자녀들을 보호할 수 있는가? 주위의 모든 유혹을 미리 예견하고 그것을 대비하여 자녀들을 준비시킬 수 있는가?

역사상 모든 유혹으로부터 지극히 안전한 시기가 과연 있었을까? 우리의 부모, 조부모의 시대는 물론이고, 역사상 아이들을 위한 황금시대는 없었으며, 현실적으로 그러한 시기가 존재할 수도 없다.

역사상의 전례로 볼 때 아이들이 위험으로부터 안전한 시기는 없다! 그러므로 우리는 우리의 지혜를 뛰어넘는 주님의 지혜를 위해 기도할 필요가 있다. 우리는 우리 자녀들이 방송매체나 학교에서의 왕따 문제, 잘못된 문화로부터 안전할 수 있도록 하나님의 보호를 위해 기도하고 살펴야 하고, 그런 가운데서 우리 아이들이 상상력과 가능성을 무한히 펼칠 수 있도록 도와야 한다. 아이들이 마음껏 뛰어놀며, 줄넘기, 숨바꼭질, 나무 타기, 낚시, 보트 타기, 캠핑, 요리하기 등 창의적인 활동을 할 수 있도록 지원하자.

여덟 살 나이나 아홉 살 나이에 마약이 발견되고, 열 살이나 열한 살 나이에 알콜 중독으로 발견되었다는 소식, 열한 살이나 열두 살에 성문제와 임신이 발견된 소름끼치는 소식들을 접하곤 한다. 어떤 사람들은 이러한 끔찍한 것들을 통해서 실제로 돈을 벌고, 힘 없는 아이들의 어린시절을 오염시키고 빼앗아 버린다.

우리가 그리스도인으로서 자녀를 양육하면서 가장 중요하게 생각해야 할 것은 우리 자녀들이나 다른 아이들의 어린시절이 외부적인 영향으로 인해 급하게 의미없이 소멸되지 않도록 마음을 써야 한다는 것이다.

《 그 어떤 것도 온화함만큼 강하지 않다. 또한 진정한 힘만큼 온화한 것도 없다 》
랄프 W. 속만

《 아주 사소한 생각이 영향을 미쳐 뇌 구조를 바꾼다. 같은 생각을 여러 번 반복하면 습관으로 굳어 버린다. 성격도 생각하는 방향으로 바뀐다. 그러니 생각을 원하는 방향으로 바꾸고 그 상태를 단단히 유지해 새로운 습관을 들여라. 그러면 뇌 구조가 거기에 맞게 변경될 것이다 》
윌리엄 제임스 _하버드대학 심리학 교수

Q. 아이를 위해서 최선을 다해 애쓰고 있는데, 남편은 내가 너무 애를 몰아부친다고 하네요. 도대체 어떻게 하는 게 옳은 건지 모르겠어요.

26

A. 완벽주의 엄마가 되지 말라

부모 자신이 인간으로서 불완전한 존재이면서, 자녀들이 부모의 기대감에 부응해서 부모를 즐겁게 해줘야 하는 존재로 생각한다면, 그 높은 기대치에 대한 부담감 때문에 자녀들이 난폭해지게 될 것이다.

당신은 부모로서 매일 생활 중에 불완전하게 산다. 우리 모두가 그렇게 산다. 자녀들에게 공평하기 위해서는 당신의 불완전함이 대화의 주제가 되어야 한다. 당신은 주저함 없이 자녀들에게 이 세상의 어떤 사람도 완전하지 않으며, 부모인 당신 또한 정말 불완전한 사람이라는 것을 이야기해 주어야 한다.

우리 자신이 불완전한 존재인 것만큼이나 아이들도 참으로 불완전한 존재다. 예를 들어 아이들에게 음향시설을 만지지 말라고 엄포해도 "만지면 안 되는데…!" 하면서 만지작거린다. 그러면 "아니 얘가? 도대체 내 말을 뭘로 듣는 거야?" 하며 분노하게 되고, 감정이 지나치면 철썩 때리게 되는 것이다.

그렇다면 어린 아이의 어쩔 수 없는 호기심이므로 훈련이 없어도 된다는 것인가? 물론 훈련은 있어야 한다. 그러나 훈련을 하더라도 예수님이 다시 오실 그 날에 우리가 변하여 완전하게 되기에 그 때까지 어느 누구도 완전해질 수 없다는 것을 인식하면서 공정성을 잃지 말아야 한다.

훈련이라는 것은 아이들에게 허용되는 행동을 가르치거나, 혹은 불에 데거나 트럭에 치는 것과 같은 위험한 상황으로부터 자신을 보호하는 것을 가르치는 것이다. 아이들이 부모들의 뜻에 맞게 완벽해지기를 기대하는 것은 비현실적일 뿐만 아니라,

인간이 어떠한 지에 대한 진리를 가르치는데 있어서 전적으로 불공정하다.

아이들이 "엄마는 항상 완벽해!"라고 생각하게 하느니, 차라리 자녀교육을 접어두는 게 더 나을지도 모른다. 완벽주의 엄마의 기대감 때문에 아이들은 숨이 막히고 때론 깊은 슬픔에 젖는다. 부모는 아이를 사랑하기 때문이라지만, 부모가 더 완벽해지기를 요구할 때 아이들은 그 기준을 맞추려고 애쓰면서 좌절감을 느낀다. 사랑은 안 보이고 상처만 커진다.

부모라도 어느 때든 실수하거나 잘못한 일이 있다면 자녀에게 사과할 수 있어야 한다. 가령 집중해서 어떤 일을 하고 있는데 아이가 피아노를 쾅쾅 쳐대서 한바탕 전쟁을 치렀다 생각해 보자. 욱한 감정이 가라앉으면 이렇게 말하는 시간이 필요하다.

"엄마가 정말 미안하구나. 내가 흥분해서 참을성을 잃었던 것 같아. 고함치지는 말았어야 했는데 큰 소리로 막 화내서 미안하구나. 엄마가 일 때문에 집중하는 동안 너의 피아노 소리가 너무 신경 쓰여서 화가 났어. 너도 너 나름대로 피아노 연습을 하는 것이었을 텐데 말이야."

이런 문제를 이야기할 때 상황에 대해 구체적으로 말하는 것이 필요하다. 언제나 평정심을 유지하기가 생각보다 쉽지는 않

을 것이다. 그러나 그들은 당신의 도움을 필요로 한다는 것을 기억하라.

완벽이 가능하지 않을 때, 완벽에 대한 압력은 없어야 한다. 하지만 알게 모르게 다른 사람들, 특히 자녀들에게 완벽하기를 기대하는 경우가 얼마나 많은지 모른다. 이러한 요구로 인해 발생하는 압력의 공정성을 신중하게 평가해 보자. 가족을 자기만족의 대상으로 여기지 않는 것이 균형 잡힌 태도의 기본이라 할 수 있다. 다시 말하면 '있는 모습 그대로' 인정하고 받아들이도록 노력해야 한다. 우리는 자녀들과 삶의 많은 부분을 함께 보낸다. 하지만 아이들이 가정의 울타리를 떠나게 되는 시점이 온다. 장기 여행이나 유학, 직장과 결혼 등 다양한 상황이 있을 수 있다. 그러므로 부모 욕심이 아이들의 삶을 결정하는 기준이 되어서는 안 된다. 그리고 이런 부분을 충분히 자녀와 나눌 수 있어야 한다.

사도 바울은 "자녀들아 너희 부모를 주 안에서 순종하라. 이것이 옳으니라"엡 6:1라고 자녀들에게 말한다. 그리고 같은 장에서 그는 강하게 부모들에게도 이같이 말한다.

"또 아비들아 너희 자녀를 노엽게 하지 말고 오직 주의 교양과 훈계로 양육하라"엡 6:4.

당신이 자녀들에게 한 행동들이 진리를 추구하는 데 흥미와 열정을 주기보다는 자녀들을 좌절시키거나 당신과 주님으로부터 자녀들을 떠나게 하고 있지는 않은지 날마다 주의 깊게 관찰하는 시간이 필요하다.

우리 자녀들에게 바른 영향을 줄 수 있는 한 방법은 우리 모두가 같은 배에 타고 있는 불완전한 사람이고, 또한 모두 도움이 필요한 존재라는 사실을 분명하게 하는 것이다. 삼위일체 하나님만이 완전하고, 세상의 어떤 누구도 완전하지 않다. 그러나 하나님이 우리에게 원하시는 것에 순종하려는 마음을 가지고 있는 가족으로서, 이스라엘이 그 주변에 있었던 바울 숭배자들의 삶의 스타일과 습관, 표준을 따르지 않는 것과 같이 우리 주위의 믿지 않은 사람들의 삶의 기준을 따라가서는 안 된다. 우리 가족이 추구하는 것이 세상의 가치 기준과 다르고, 우리가 불완전할지라도 우리 모두가 다르다는 것을 인정하여야 한다.

이러한 질문에 대하여 꼭 하고 싶은 말이 있다. 자녀에 대한 칭찬과 감사를 잊어버리지 말라. 학교에서 어떤 점수를 받아오든 간에 부모님이 단 한 번도 칭찬해 준 적이 없었다고 말하는 사람들이 있다. 늘 "이거보단 더 잘할 수 있었을 텐데…" 하는 아쉬움이 성적표에 대한 반응이었단다.

누구를 막론하고 모든 연령층의 사람들에게 격려는 정말 중요하다. 아이들은 크고 대단한 성과에 대해서는 물론이고, 작고 사소한 부분에서도 칭찬과 박수를 받을 필요가 있다. 부모로부터 받는 인정의 힘은 자녀들에게 말할 수 없는 자신감을 준다.

사단법인 기독교세계관학술동역회 사역 소개

● 세계관 운동

삶과 학문의 모든 영역에서 예수 그리스도가 주인이심을 고백하고, 하나님의 말씀대로 생각하고 적용하며 살도록 돕기 위한 많은 연구 자료와 다양한 방식의 강의 패키지들을 준비하고 있습니다. 특히 삶의 각 영역에서 만날 수 있는 문제들에 대한 대안을 찾을 수 있도록 세계관 기초 훈련, 집중 훈련 및 다양한 강좌들을 비롯하여 기독 미디어 아카데미, 기독교 세계관 아카데미, 어린이 청소년 세계관 강좌 등 다양한 강의와 세미나가 준비되어 있습니다. 강의를 원하시는 교회나 단체는 기독교세계관학술동역회 사무국으로 연락해 주시면 친절히 안내해 드립니다.

● 기독교학문연구회

기독교학문연구회(KACS : Korea Association of Christian Studies)는 기독교적 학문 연구를 위한 학회로, 각 학문 분야별 신학과 학제간의 연구를 진행하여 신앙과 학문의 통합을 추구하고 있습니다. 연구 발표의 장으로 연 2회의 학술대회를 개최하고 있으며, 한국연구재단 등재학술지 〈신앙과 학문〉(1996년 창간)을 발행하고 있습니다.

● VIEW 밴쿠버기독교세계관대학원

1998년 11월, 밴쿠버기독교세계관대학원(VIEW)은 캐나다 최고의 기독교 대학인 Trinity Western University 대학의 신학대학원인 ACTS와 공동으로 기독교세계관 문학석사과정(MACS-Worldview Studies)을 개설했습니다.

현재 캐나다 밴쿠버에 기독교세계관 문학석사 과정, 디플로마(Diploma) 과정을 운영하고 있으며, 2006년부터는 다양한 연수 프로그램(교사 창조론, 지도자세계관 학교, 청소년 캠프 등)을 개최하고 있으며 학술지 〈통합연구〉를 발행하고 있습니다.

● CTC 기독교세계관교육센터

CTC(Christian Thinking Center)는 가정과 교회와 학교에 기독교 세계관 교육 콘텐츠를 제공함으로서 다음 세대 그리스도인들이 기독교 세계관으로 생각하고 살아가도록 돕는 것을 사명으로 하는 세계관 교육기관입니다.

● 도서출판 CUP

바른 성경적 가치관 위에 실천적 삶을 살아가는 그리스도의 제자들을 세우며, 지성과 감성과 영성이 전인적으로 조화된 균형잡힌 도서를 출간하여 그리스도인다운 삶과 생각과 문화를 확장시키는 나눔터의 출판을 꿈꾸고 있습니다.

✜ ✜ ✜ ✜ ✜ ✜

■ **(사)기독교세계관학술동역회 연락처_ ☎. 02)754-8004**
(06367) 서울시 강남구 광평로56길 8-13, 910호 (수서동, 수서타워)
E-mail_ info@worldview.or.kr
www.worldview.or.kr

■ **도서출판 CUP 연락처_ ☎. 02)745-7231**
(04549) 서울시 중구 을지로 148, 8층 803호(을지로3가, 중앙데코플라자)
E-mail_ cupmanse@gmail.com
www.cupbooks.com